隐蔽战线春秋书系 | 回忆录卷

葛佩琦回忆录

葛佩琦◎著

中共党史出版社

图书在版编目（CIP）数据

葛佩琦回忆录 / 葛佩琦著 . -- 北京：中共党史出版社，2020.1（2025.9 重印）
（隐蔽战线春秋书系 . 回忆录卷）
ISBN 978-7-5098-5439-6

Ⅰ . ①葛… Ⅱ . ①葛… Ⅲ . ①葛佩琦（1911–1993）—回忆录 Ⅳ . ① K827=7
中国版本图书馆 CIP 数据核字（2019）第 271028 号

书　　名：葛佩琦回忆录
作　　者：葛佩琦

出版发行：中共党史出版社
责任编辑：贾丽
责任校对：申宁
责任印制：段文超
社　　址：北京市海淀区芙蓉里南街 6 号院 1 号楼　邮编：100080
网　　址：www.dscbs.com
经　　销：新华书店
印　　刷：北京盛通印刷股份有限公司
开　　本：720mm×1000mm　1/16
字　　数：133 千字
印　　张：9
版　　次：2020 年 1 月第 1 版
印　　次：2025 年 9 月第 4 次印刷
书　　号：ISBN 978-7-5098-5439-6
定　　价：26.00 元

葛佩琦（1911—1993）

葛佩琦画像作者：徐唯辛

目录

‖ 前言 ‖

我是山东省平度县人，青少年时期，家境贫寒。1930年来到北平当学徒工，学开汽车。后来半工半读，读了三年中学。1933年考入北京大学。在一二·九运动中，加入中华民族解放先锋队（党的外围组织），积极支援七七抗战。北平沦陷后，我响应党的号召，奔赴抗日前线。曾组织抗日游击队，在豫东、冀南打游击。1938年在抗日前线，我加入中国共产党。尔后，接受派遣打入国民党高级军事机关，搞情报和策反工作。我曾单独策动汉奸部队一个独立团，参与策动汉奸部队三个师反正，他们脱离了日军控制，编入了抗战部队序列。

抗战胜利后，接受我党西安地下情报组织派遣，通过地下工作关系，我打入国民党东北保安长官司令部，担任少将督察、东北通讯处处长。以此为掩护，搞情报工作。我搜集了大量重要军事情报，通过地下电台，报给我党。1947年10月，我党在西安、北平、沈阳等地的情报组织，被敌人破坏，我的单线领导人被捕，我的组织关系中断了。

1957年我被错划为“极右派分子”，接着被错捕、错判，被判无期徒刑，坐冤狱18年。在党的十一届三中全会英明决策的指引下，承胡耀邦总书记的过问，我的判刑冤案彻底平反，错划右派得到改正，党籍得到恢复。

我的冤案平反后，报纸、杂志上刊登了一些有关我的报道，引起了社会人士的关注。有些同志、朋友，特别是我家乡的父老，再三催促，要我把这段经历写出来。因此，我写了这本小册子。请读者指教。

一、我的青少年时代

1. 放牛放猪苦读书

我1911年9月出生在山东省平度县仁兆镇所属的一个农村——淖泥沟村。少年时家境贫寒，父母膝下有我们弟兄五人和一个妹妹，八口之家，只有三亩半地。我8岁时，开始从塾师赵锡圭老师读书。农忙时节，村塾放假，我就回家帮着干农活。因为我是最小的弟弟，哥哥们不肯让我下地干重活，我就去放牛放猪。我们村西北有一片荒地，村民把它叫作“西北荒”，这是放牛的好地方。我把牛纲绳（拴在牛鼻上的绳子）接上一条长绳子，把绳子的另一头拴上一个铡钉（约30厘米长的铁钉），把铡钉插进草地里，牛就可以在半径约6米长的圆圈内吃草，而跑不掉。我就坐在河边的树荫下读书。晚秋季节，在刨出地瓜（白薯）的空地里，还遗留有埋在土里的小块地瓜，这是放猪的好地方。我把猪赶到地里，猪用嘴翻土找地瓜吃。我就坐在高坡上，一面了望着猪，一面看书。

当时，平度县只有一所县立高等小学，没有县立中学。有一所美国基督教会办的知务中学及附属小学。我从私塾考入了该校小学六年级。我小学毕业的那一年，知务中学停办了。在本县没有中学可升，我就在家干了半年农活。我升学心切，听说距平度县城300多里的黄县城，有一所崇实中学，办得还不错。1929年春节后，我父亲给我买了一条小竹扁担，让我担着行李和书籍，随着我们村赴黄县当长工的乡亲们，到了黄县，考入了崇实中学。这也是一所美国基督教会办的学校，校长是一位美国牧师，他的中国名字叫蒲其维。

1928年5月3日，日本侵华军队在济南，肆意屠杀我国同胞，制造了震惊中外的五三惨案。1930年5月3日，黄县崇实中学学生会要召开全体同学大会，纪念五三惨案。大会秩序单上列着“向国旗三鞠躬”。美国校长说，“向国旗鞠躬”，那是崇拜“偶像”，违背了基督教教义，要求学生会取消这一项。学生们坚决反对。在开会时，全体同学毅然向国旗行了三鞠躬礼。第二天，美国校长宣布：“停止上课，解散学校。”美国教员立即停课，中国老师继续上课。在老师们的支持下，学生们组织起读书维持会，维持学校秩序，保证正常上课。维持到6月中旬，举行了期末考试。名义上宣布放暑假，实际上学校就解散了。

有钱的同学准备转到其他城市上学，我怎么办呢？

2. 背起书包上北平

放假之后，我把行李、书籍和那条小竹扁担存放在肖老师家。我徒步走了三天，回到了家。我向父母汇报了黄县崇实中学已经被解散，下学期不能再到黄县上学了，我并说了我想去北平上学的设想。父亲有些犹豫，并说，没有钱。母亲说：要去就去，北平饿不死活人，没钱读书，就找点工作干。我在家住了几天，父亲东借西借，给我凑了15元钱；母亲给我做了一双布鞋和一套粗布白裤褂。我就回到了黄县。在肖老师家住了一夜，第二天我担着行李，背着书包，到了龙口，住在一位平度老乡开的中华客栈，等了三天船。那位老乡不但没有要我的栈房钱，还帮助我买了一张便宜的船票。上了轮船，站在甲板上，看到海阔天高，我想到“天高任鸟飞，海阔凭鱼跃”的成语。当我看到轮船乘风破浪前进时，我想一个青年人也应该如此。经过两天一夜的航行，船到了天津。

下船后，我随着在船上认识的一位商人，住到仁和客栈。洗完了脸，吃完了饭，天还不黑，我想出去看看天津市容。我问茶房（服务员）：这是什么地方？我的意思是要问问这是什么街道，以便回来时问路。茶房回答说：这是“法国地”。我很奇怪，这是中国地，为什么说是“法国地”？想了想，我才理解：这就是历史上所说的“法国租界”，这是帝国主义侵略中国的产物。我漫步在天津马路上，看到矗立在马路两边的高楼大厦，看到飞驰在马路上的电车、汽车，也看到在马路旁要小钱的乞丐。我走到横跨在海河上的“法国桥”（现在叫解放桥），看到一按电钮，桥的两半截可以自动开启，让大的轮船通过。当时，我认为那是了不起的桥梁工程，现在比起我们的南京长江大桥，已经微不足道。我回到客栈，已经是晚上9点多钟，我枕着行李，睡了一夜。

第二天上午，我到了天津东站，坐上火车。火车头吼叫了几声，满载旅客的列车，就朝着北平方向奔驰。从窗口眺望，华北原野一片碧绿。经过三个多小时，火车到了北平。下车后，我有些为难了。无钱住旅馆，无亲友可投，何处是我的栖身之地？我想起了我哥哥有位老师姓刘，在鼓楼西大街华北工程学校教书。我就担着行李去投奔他。他是一位工程师，很热情地接待了我，并留我在他那里住。我算在北平落下了脚。

3. 半工半读上大学

我对刘工程师说：我来北平的目的是要上学，但是家中贫寒，无钱供我，请您先给我找个工作赚饭吃。他说：你哥哥也来信托过我。过了几天，刘工程师说要介绍我到海京工厂当学徒，问我是否愿意去。我说：愿意去。这样，我就搬到了海京工厂。这个工厂有翻砂车间、锻工车间、刨工车间、修配车间和汽车房。有两部小汽车和一部大卡车，可以本厂用，也可以出租。我被分配在汽车房工作，每天两顿窝窝头，每月一元零花钱，没有工资。开始跟着贾师傅洗刷汽车零件，学修汽车；尔后跟着司机魏师傅学开汽车。学徒工每天必须干的零活是清扫汽车房、擦洗汽车，还得给师傅洗工作服等等。

1930年8月，我在黄县崇实中学的几位同班同学来到北京，入了北京崇实中学（现在的北京第21中学）。该校和海京工厂相隔一条胡同。我在工厂下班后，就去找他们玩。他们知道我因为没有钱，不能和他们一块继续上学，对我很表同情。王征寿同学主动借给我25元钱，够交一个学期的饭费了。我父亲给的15元路费，还剩了8元，够交学费了。刘工程师借给我5元钱买书。这样，9月初北京崇实中学开学时，我也插班入该校初中三年级了。当我要从工厂搬到学校时，我向厂长先生告别，他说：你还可以抽空来学开汽车，学会开汽车，可以赚饭吃。所以每星期六下午和星期日，我还是到海京工厂去，跟着魏师傅学开汽车。

第一学期过去了，第二学期的饭费、学费又怎么办？北京崇实中学是一所美国耶稣教会办的学校，原来的校长莱牧师（美国人）办了一个羊奶场，有100多只瑞士羊。每天可以出几百斤奶，这些奶全由学生进行消毒、装瓶分送到用户家。崇实中学的刘教务长，星期天常坐海京工厂的汽车到西山旅游。我是跟车的学徒工，也是他的学生，我常把他从西山买回来的水果，扛着给他送到家。他知道我的经济困难，就介绍我到羊奶场，当了一名送羊奶的工人。每天早晨4点起床，骑着自行车，带着30多瓶（40多斤）羊奶，分送到北京东单、东交民巷一带的用户家（多数是外国人）。经过路程约40里，6点钟可以返回学校。漱洗之后，到食堂吃早饭，8点钟可以和同学们一同上课。下午4点下了课，再按原路线送一趟羊奶，回来吃了晚饭，不误上晚自习。羊奶场负责给我交学费（每学期初中8元、高中10元），每月发给我工资3元。第一学期我的各门功课的总平均分，在初中全体同学中列第二名，学校发给我8元奖学金。加上我半年的工资18元，就够了一个学期的饭费。第二学期的学费、饭费解决了，我又安心读书了。开学不久，在日本勤工俭学的我的三哥葛畔珍寄给我日币5元，折合银元10元，够买书和零用了。我就这样半工半读，上完了高中二年级。

1990年9月9日，葛佩琦三哥葛畔珍86岁生日，葛佩琦（右）去天津看望三哥

由于我必须每天给用户送羊奶，所以寒暑假我也不能回家（也没有路费回家）。寒暑假留在学校，每天除了送两趟羊奶之外，我就抓紧时间读书。我用了两年的时间，读完了高中三年的课程。于1933年暑假，我从高中二年级，越级考入北京大学物理系。

为了解决生活问题，我接受了一位山东同乡王晓清先生的聘请，到他家当家庭教师。在他家住宿、吃饭。他家离北京大学约3里地，我每天8点以前，徒步到北京大学上课，中午在北大附近的小饭馆吃碗面条或炒饼，下午4点下课后，回到王同乡的家，给他的两个儿子辅导功课。晚饭后，我和学生一块在书房里读书或做作业。王同乡是山东省诸城县人，当过北京房山县县长和故宫管理委员会委员。他交游颇广，为人义气好客。几乎每天晚上，都有客人来他家吃饭、打牌（打麻将）。为了尊重老师，也是为了摆阔气，王同乡总是请我到上房陪客吃饭、打牌。我是只陪客吃饭，不陪客打牌，所以我至今不会打牌。为了节省时间，后来我请做饭的师傅给我把饭送到书房吃，就不再到上房陪客了。

北大物理系的课程很紧。王同乡的全家，对我虽然都很好，很客气，但我不能集中精力学习。所以到大学二年级，我就告辞了王同乡，搬到了北大西斋宿舍。为了解决吃饭问题，经人介绍，我到一所中学兼教数学课，每星期上课6小时，每小时6角钱，可以维持生活。我到大学四年级，有一位日本牧师清水安三，在北京朝阳门外办了一所崇贞女中，请我去担任理化课教师，每月薪金36元，我的生活就比较富裕了。以上是我勤工俭学半工半读的经过。

二、抗日救亡搞学运

1. 抗日救亡匹夫有责

我考进北大之初，专心读书，很少过问政治。但北大是五四运动的发源地，政治空气很浓厚。课余饭后，同学们谈起话来，大部分是谈政治问题：什么是资本主义？什么是社会主义？什么是帝国主义？国民党对时局的态度是什么？共产党对时局的态度是什么？等等问题。我在中学读书时，接触过一位思想进步的老师，读过一本列宁著的《国家与革命》，对政治也有点兴趣。随着国内形势的发展，我对时事政治也关心起来了。

1931年九一八之后，国民党提出了“先安内而后攘外”的政治路线。他们的实际行动是：对日本侵略者采取不抵抗主义；调集50万军队到江西“剿共”。其结果是：把东北四省拱手送给日本帝国主义之后，又于1933年5月，与日本签定“塘沽协定”，从冀东、察东撤出中国军队。于1935年6月，与日本签定“何梅协定”，从冀察两省、平津两市撤走中央军、东北军，并且取消国民党在该两省、两市的省党部、市党部。当时，共产党的政治路线是：“停止内战，一致抗日”。具体的行动是：红军北上抗日，团结各党各派共同抗日。至此我认识到，要抗日救亡，就必须靠拢共产党，执行抗日民族统一战线。

“何梅协定”签定之后，日本便大举增兵华北，并将天津日本驻屯军司令部改为华北日本驻屯军司令部。在政治方面，日本帝国主义提出“华北五省防共自治”，并要求在冀察平津成立“防共自治”机构。在日本特务机关长土肥原贤二的策划下，大小汉奸蠢蠢欲动，先后发生了香河事件、天津事件。

1935年11月24日，在北平以东40里的通县，汉奸殷汝耕成立了“冀东防共自治政府”。冀东20多县，脱离了中国政府的管辖。当时，日本军用飞机经常在北平上空低飞侦察；日本浪人到处横行霸道，奸污妇女，贩毒品。北平学生喊出了“华北之大，安放不下一张平静的书桌”。平津危机！华北危机！我深切意识到：抗日救亡，匹夫有责。我再也不能“两耳不闻天下事，一心专读物理书”了。

1935年冬，汉奸殷汝耕在河北通县成立了“冀东防共自治委员会”（后改称“冀东防共自治政府”）

2. 一二·九运动轰然爆发

1931年九一八事变之后，为反对日本帝国主义侵占东北，北平学生纷纷南下请愿或示威，激起全国学生一次伟大的爱国主义运动。在这次运动中，北平的绝大多数大学、中学都建立起进步的有朝气的学生会，成为领导抗日救亡运动的中心。1933年，国民党为镇压学生运动，将宪兵第三团调到北平。大批爱国学生和进步青年被捕、被杀，各校学生会几乎都被破坏了。

在中共北平市临时工作委员会彭涛同志的领导下，1935年11月18日，秘密成立了北平市大、中学校学生联合会（简称北平学联）。在学联的发动下，北平许多大、中学校开始恢复或组织学生会。我参加了北京大学学生会的发起和组织工作。

国民党为顺就日本帝国主义的要求，筹备组织冀察“自治”机构。1935年11月，南京政府派何应钦为行政院驻华北代表处长官。12月3日，何应钦到达北平，住在中南海居仁堂。他接见了一些要求“华北自治”的汉奸，与日本方面进行了秘密会谈，决定于12月9日成立“冀察政务委员会”。这是一个总揽冀察两省、平津两市军政大权的机构，由二十九军军长宋哲元任委员长，有些委员是老牌亲日派。消息传来，中共北平市临时工作委员会立即决定：由北平学联发动各大、中学校学生，于12月9日到中南海找何应钦请愿，反对成立“冀察政务委员会”。如果请愿不成，就改为游行示威。得到通知的各校学生，于12月8日深夜，做好了游行准备。

12月9日凌晨，北风凛冽，寒气逼人。各校学生，冒着严寒出动了。在北平城西北约30里的清华大学、燕京大学的学生，冲破军警的阻拦，8点钟就到达了北平西直门。但城门紧闭，铁门加锁。城上城下，布满了国民党的武装军警，荷枪实弹，如临大敌。学生要求开城门。军警说：没有上级命令，谁来也不能开门。城外的学生队伍，转到阜成门、西便门，铁门都已上锁。学生们义愤填膺，斗志昂扬，就在城外的大街小巷，散发传单，举行讲演，展开了抗日救亡大宣传。他们从早到晚，斗争一天，滴水未进，忍饥受寒，直到暮色苍茫，才徒步返校。

1935年12月9日，北平爱国学生在游行示威途中进行抗日宣传

地处西直门内的东北大学学生，天还不亮，就集合编队，准备到西直门迎接城外的学生队伍，共同游行。当他们得知西直门早已关闭，城外的学生队伍进不来城，便群情激昂，怒不可遏。他们冲破了学校当局的阻拦，高举校旗，单独出发了。同学们肩膀挨着肩膀，手臂挽着手臂，迈着健壮的步伐，走

上街头，沿北沟沿（现在的赵登禹路）南进，转到西四牌楼以西，遭到军警堵截，展开激烈搏斗。学生们冲破军警的包围，与北平大学法商学院的队伍汇合，经府右街，奔向新华门。

地处西城的中国大学（现在的国家教育委员会所在地）的大门，天还不亮，就被军警层层包围了。学生们越墙而出，集合前进，沿途给被阻拦在校内的师大女附中的学生解了围。大家共同游行，经过西单，进到新华门。

新华门是中南海的南门，何应钦住在中南海的居仁堂。听说学生们要来请愿，便大门紧闭。门前排列着枪上刺刀的军队和架着机关枪的车队，戒备森严，杀气腾腾。

从四面八方汇集到新华门前的学生越来越多。东北大学、师范大学、中国大学、民国学院、北平大学法商学院、师范大学女附中、市立女一中、东北中山中学、艺文中学等校的学生，都先后到达了。到上午10点多钟，汇集到新华门前的学生，约有2000人。看到新华门外气势汹汹的国民党武装军队，学生们更为气愤，大家挥动着旗帜高呼：

12月9日，北平城内游行学生振臂高呼抗日口号

“打倒日本帝国主义！”

“打倒汉奸卖国贼！”

“反对成立冀察政务委员会！”

“反对华北自治！”

“收复东北失地！”

“武装保卫华北！”

……

学生们在新华门前召开大会，讨论通过了六项请愿要求：

（一）反对成立华北防共自治委员会及其他类似组织；

（二）反对中日间的一切秘密外交，立即公布外交政策；

（三）保障人民集会、结社、言论、出版自由；

（四）停止内战，一致对外；

（五）不得任意逮捕人民；

（六）立即释放被捕学生。

大会推出12人，作为前往居仁堂找何应钦请愿的代表。但是新华门紧闭，学生代表进不去。学生们的斗争情绪，越来越激昂。坚持到中午，何应钦的秘书侯成被迫出来接见。代表们强烈要求何应钦出来与学生见面，并义正词严地宣读了六项请愿要求，还要求侯成下令军警打开西直门，让城外的学生进城，参加请愿游行。侯成战战兢兢地答复说：何代表不在城内（他听说学生要游行，跑到小汤山洗澡去了），诸位提出的要求，兄弟可代为转达。关于下令开放西直门的问题，他推诿说，这不是他“职权以内”的事，加以拒绝。他并说，据他所知“并无秘密外交和任何秘密协定”，“中国现在除‘剿共’外并无内战”。他要求学生们“谅解政府的困难”，“好好读书救国”……侯成的回答，激起了学生们的愤怒！

请愿不成，各校代表立即作出决定：改请愿为示威游行。拟定的游行计划是：队伍由新华门出发，经西单、西四、新街口转赴西直门，接迎城外的学生队伍入城，共同游行，到天安门举行学生大会，并决定由东北大学的宋黎同学担任游行总指挥。当他宣布：示威游行开始！大家精神振奋，斗志昂扬；四人一排，手臂挽着手臂，大踏步地前进！口号声，歌唱声，此起彼应，声震云霄，气壮山河。

示威游行队伍沿西长安街西进，到达西单牌楼附近时，手持武器的国民党军警，突然包围上来，挥动木棍、皮鞭、枪柄，向学生劈面乱打。学生们高呼："中国人不打中国人，枪口一致对外！"经过英勇斗争，学生冲了过去。游行队伍转到西单北大街北进，突破西四牌楼军警的封锁线，继续北进时，交通员传来信息说：西直门附近布满了武装军警和宪兵，架起了机关枪，要以武力驱散前去的学生。要打开西直门，已不可能。于是总指挥部决定：改道东行，奔赴沙滩、王府井……以便宣传群众扩大影响。队伍经过定阜大街时，辅仁大学的100多名学生参加进来。大队经过地安门时，又有河北高中、孔德中学、中法大学、精业中学等校的学生加入。北京大学事先未得到游行通知，当游行队伍到达沙滩（现在的五四大街）时，我们北大的同学立即鸣钟集合，同学们从课堂、实验室、图书馆汇集到红楼前，举着临时用床单赶制的"北京大学"的横幅，加入游行队伍。到达王府井大街时，队伍已超过3000人。

王府井大街与在东交民巷的日本大使馆一路之隔。反动当局以为学生队伍要到东交民巷，冲击日本大使馆，就调集了大批武装军警和消防汽车，在王府井大街南口布置了一条封锁线。学生代表前往交涉，军警头目握着手枪说："不准通过，谁敢往前冲，就开枪。"学生们继续前进。军警用高压水龙向学生冲射。数九寒天，滴水成冰。水冲在学生身上，顿时冻成冰。身上地上冰渣哗啦哗啦地响，学生们仍然斗志昂扬地向前冲，冲上去抢夺水龙。武装军警挥舞着皮鞭、棍棒、大刀、枪柄向学生打来、砍来。学生们进行了英勇抵抗。有的学生被军警抓了去，同学们又冲上去夺回来。有些学生受了伤，血流到马路上，霎时间冻成晶莹的血花。但他们还是高呼："打倒日本帝国主义！""打倒汉奸卖国贼！"学生与军警搏斗半个多小时，游行队伍被打散，一些学生被捕，30多名学生受伤。

游行学生被捕

时近黄昏，学生们战斗了一天，滴水未进。为了保存实力，以备再战，总指挥部下令："同学们，快到北京大学第三院集合！"（北大第三院在北河沿大街，距王府井大街很近）集合后，指挥部传达了北平市学联的决定：从12月10日起，实行全市总罢课，并再接再厉，准备举行更大规模的示威游行。学生们热烈鼓掌并高喊抗日口号，然后分别返校。

历史上把这次运动叫作一二·九抗日救亡运动。

3. 我参加发起和组织北京大学学生会

下面谈谈一二·九运动时期北大学生会的发起和组织。这里说的一二·九运动时期，是指从1935年12月9日至1937年7月28日（北平沦陷）这一段时间。

1933年以来，包括北京大学在内的北平大多数学校的学生会，遭到反动派的破坏。1935年11月下旬，北大同学刘松云（又名刘江陵，地下党员）对我说：北平学联正在发动各校学生恢复或组织学生会，我们北大同学也应行动起来。我就参加了筹组北大学生会的活动。12月初我签名发起组织北大学生会。12月6日我参加了在北大红楼召开的学生会筹备会。会上讨论了学生会的组织章程，决定了各班选举代表的办法。推选了筹备委员13人（每系一人），负责印发选票，在文、理、法三院分别设置投票箱，限12月9日中午投票截止，下午当众开票。12月9日下午，由于同学们参加了示威游行，未能开票。

北大红楼

12月9日夜间，北大的地下党支部、团支部和一些积极分子彻夜开会，研究如何组织学生会和如何开展抗日救亡运动。12月10日上午在红楼召开班代表大会，讨论通过了学生会组织章程，选举了学生会负责人，我当选为执行委员。班代表大会决定：自即日起，实行全校总罢课，并决定下午召开北大全体学生大会。

午后二时，北大全体学生大会在新四斋院内召开。首先宣布：北京大学学生会正式成立——这是一二·九运动时期成立的第一届北大学生会。全体大会通过下列决议：(一)以大会名义发表北大学生罢课宣言；(二)以学生会名义派代表参加北平市学联；(三)发表宣言，反对成立"冀察政务委员会"。大会选出朱仲龙(朱穆之)、韩天石等三人为北大学生会总务(相当于主席、副主席)。10日晚上，在北大二院召开了学生会第一次执行委员会，讨论执行全体大会通过的各项决议的措施。

4. 在一二·一六运动中我被逮捕

1935年12月14日，北平报纸报道："冀察政务委员会定于12月16日成立。"在我党地下组织的领导下，北平市学联立即决定：在12月16日这一天，举行一次更大规模的示威游行，反对成立"冀察政务委员会"，确定了游行计划和路线，分别通知各校学生会。北京大学学生会15日晚上接到学联通知时，正在开第二次班代表大会。大会热烈通过了参加示威游行的决议，并讨论了有关示威游行的各项问题，延续到夜里11点才散会。执行委员会紧接着就组织同学做示威游行的准备工作：赶制了许多宣传品，成立了临时纠察队、宣传队、交通队。我在交通队工作，负责各游行队伍之间的联络和通信。北京大学的男女同学，以宿舍为单位分编为五个队。

12月16日拂晓，大示威开始了。城内各校共分成一、二、三大队，分别由东北大学、中国大学、北京大学率领。城外各校编为一个大队，由清华大学率领。总计参加的学生一万多人。

北京大学率领的各校队伍，到达南长街口，遭到军警的水龙射击。朱穆之、杨雨民等十几位同学跟着冲上去，夺下了水龙，并用它来反击军警。大队通过南长街口，沿西长安街西进。到了西单牌楼附近，遭到保安队、大刀队的突然袭击，两个学生的头部被大刀砍破，鲜血直流。大家一面将受伤的战友送医院救治，一面化整为零，到西交民巷集合，向天桥进发。

清华大学率领的城外大队，举着"反对成立冀察政务委员会"的大旗，来到西直门，铁门仍然紧闭。他们转向阜成门、西便门，铁门也未下锁。爱国学生怒不可遏，便分组轮流用肩膀撞击铁门，轰然一声，铁门被人撞开了！学生们迈着胜利的步伐，进了城，经和平门，向天桥前进。

东北大学率领的第一大队，沿途多次受到军警的拦阻，在石驸马大街和军警发生了激烈的冲突。军警用皮带、大刀向爱国学生乱抽乱砍，有数名学生被砍伤，队伍被冲散。学生们又赶到约定的地点集合，奔赴天桥。

有许多学校的学生用巧妙的方法，分散走出被学校当局把守着的校门，跑到大街上再整队集合，参加游行。

上午11时，各路大军胜利地到达了这个劳动人民聚焦的地方——天桥。接着召开了有两万多市民和一万多学生的市民大会，当场通过了“不承认冀察政务委员会”“收复东北失地”等决议案。

市民大会结束后，马上开始了示威游行。由市民和学生组成的游行队伍，长达二里。从天桥经珠市口北进，救亡歌声此起彼应，嘹亮雄壮。“打倒日本帝国主义！”“打倒汉奸卖国贼”的口号声，正气凛然，气壮山河！在继续分队游行过程中，在宣武门内外，又分别遭到军警的猛烈袭击与残酷的镇压，一些同学被捕，一些同学受了重伤。

市民大会后，游行队伍浩浩荡荡穿过前门大街

12月16日凌晨，北大的各学生宿舍都被国民党的武装军警包围了。我住在西斋（第一宿舍），站在游行队伍的最前排，与手持武器的军警对峙在西斋的大门口。当我带着西斋队伍向外冲时，我和举大旗的两位同学就被逮捕了。十几个侦缉队员用手枪对着我们，拳打脚踢，把我们三人押到银闸胡同内六区警察署，拴在木柱上。银闸胡同离北京大学所在的沙滩（现在叫五四大街）很近。当我听到从沙滩传来的口号声、歌唱声，我估计是北大同学的游行队伍冲出来了，我感到很

高兴！

上午10点多钟，开始“过堂”（审讯）。审讯室的光线很暗，当中放着一张审案桌，两旁有四个站班的警察，桌子北面坐着一个留着八字胡的警官。他气势汹汹地问我：“你们这些受共产党蛊惑的学生，闹腾什么？讲，你们游行的目的是什么？难道你们还要造反吗？”

我气愤地回答说：“是，我们是要造反。我们要造日本帝国主义的反，要造汉奸卖国贼的反。”

那个审讯的警官威吓说：“不要胡说，谁是汉奸卖国贼？敦睦邻邦，谋求和平，是党国的大政方针，你竟敢在公堂上发表抗日言论，实应罪上加罪。”

我愤怒地说：“镇压抗日救亡运动者就是汉奸，以国土睦邻者就是卖国贼。我们抗日有理，爱国无罪，你们为什么要逮捕我们？”

那个警官的八字胡直哆嗦，脸都气白了，恶狠狠地说：“你胡说啥！给我跪下来。”

我忿忿地说：“只有汉奸卖国贼，才会向帝国主义屈膝投降，我是堂堂大学生，是抗日救亡的爱国青年，宁愿站着死，不愿跪着生。”

那个审讯的警官大肆咆哮：“把他拉下去，给他戴上手铐，送市警察局。”

当天下午，我们被押送到北平警察局，警车直接开进大门。下车后，几个警察围拢上来，点了名，下了手铐，搜查了全身。把钢笔、钥匙、钞票等物都收去了，把我们押进了监房。这是三间阴暗潮湿的旧式监房，屋内两边有两铺大炕，当中放着一只尿桶。炕上没有被褥，学生睡在破席上。每天两顿饭，每顿两个小窝窝头，一块咸菜。夜间北风怒吼，饥寒交迫，睡不着，我们就齐唱救亡歌曲。被捕的学生来自不同学校，素不相识，但却亲如手足，团结一致，对敌斗争。监房里，除我们被捕的学生之外，还有几位“老政治犯”。他们看到我们被捕的学生就急切地打听学生运动的情况和社会上的政治形势。我们做了简单介绍之后，他们高兴地说：“革命自有后来人，捉是捉不尽的，杀是杀不绝的！”他们还秘密地告诉我们，监房里有一个假“政治犯”，是当局派进来的特务，要我们少和那个人接触。我们被送到市警察局之后，一次也没有“过堂”。

12月20日开始，关押在监房里的各校学生，相继被保释。我们北大在一二·一六被逮捕的同学共五人，也由学校当局保释回校。通过这次被捕坐牢，使我进一步认识到，要抗日救国，就必须靠拢中国共产党。

一二·一六运动是一二·九运动的继续，但参加的人数更多，斗争更加激烈。爱国学生的英勇斗争，吓得冀察当局惊慌失措，被迫宣布："冀察政务委员会延期成立。"12月22日，北平学联收集了受伤者的500多件血衣，在中国大学逸仙堂举行展览会。参观者个个眼含热泪，义愤填膺。

在我党领导下，一二·九运动和一二·一六运动的影响，迅速扩大到全国。天津、济南、上海、广州、武汉、西安、开封、太原、成都等城市的爱国学生，纷纷起而响应，发动了轰轰烈烈的抗日救亡运动。这个运动推动了七七抗战的爆发。我们参加一二·九运动的爱国学生，七七事变之后，绝大多数投入了抗日战争。

北京大学一二•九老同学春节团拜合影（1988年2月19日）

第一排从左到右：佟成、陆平、韩天石、葛佩琦、刘祖春、田价人、邓力群、沈学祯、刘导生、吕东、刘玉柱、杨锡钧。第二排从左到右：纪坚博、孟桂芝、李小慧、刘居英、汪鸿文、叶修直、朱穆之、袁宝华、关士聪、孙思白、谢邦治、刘火、李兆翔、白文治、顾大椿。 第三排从左到右：任继愈、于克三、姚震江、朱国平、甘重斗、张震寰、吴承明、胡昭衡、宋尔廉、王寿仁

5. 支援平津学生南下扩大宣传

国民党为了破坏学生抗日救亡运动，采取了两套办法：一是由南京政府教育部命令各地大、专学校，让学生选举代表，由校长带领，于1936年1月中旬赴南京“聆训”；二是命令各地大、中学校提前放寒假。为了对付国民党的这两套办法，北大学生会通过两项决议：第一，坚决拒绝选派赴南京“聆训”的代表；第二，发动北大同学参加平津学联组织的平津学生南下扩大宣传团。

在党的领导下，平津南下扩大宣传团设立了总指挥部，下设四个团，参加的有平津学生500多人。第一团由北京大学率领，团长是韩天石；第二团由北平大学法商学院率领；第三团由清华大学率领；第四团由天津各校组成。

1936年1月初，一、二、三团由北平出发，四团由天津出发，边行军边宣传。1月8日，四路大军会师于河北省固安县城，进行了四天抗日救亡大宣传。总指挥部召开了全体团员大会，分析了形势，总结了经验，整顿了组织（第四团编入第一团），决定了今后的宣传计划。各团分路出发，继续扩大宣传。这些来自北平、天津的男女学生，冒严寒、走农村、忍饥挨饿，把抗日救亡的火种，撒在华北的大地上！唤醒了工农，锻炼了自己。这就是当年平津学生的社会实践。

南下扩大宣传团先遣队

在那种抗日犯法、爱国有罪的年代，平津学生组织的南下扩大宣传团，也遭到国民党军警尾追、堵截。第二团在河北省辛立庄被军警打散；第三团在河北省高碑店，遭到军警包围，被迫返回北平。只有北大同学所在的第一团（包括天津的一些同学），运用昼伏夜行的战术，甩掉了尾追的军警，完成宣传任务，到达了指挥部指定的地点——保定。在此宣传了两天，接到北平学联的通知，于1月24日（农历除夕）返回北平。我代表北大学生会接待了他们，并和留在北平的天津宣传团员共进了除夕晚餐。

我和北大学生会的几位执行委员留在后方，负责支援南下扩大宣传团。主要任务是：（一）募集捐款，送到前方，解决宣传团的吃饭问题；（二）将宣传团在农村的活动情况，及时传达给留校同学和新闻记者，以扩大影响；（三）将北大以及北平、天津的学生运动情况，特别是反复课斗争的情况，及时传达给南下宣传的同学，以鼓舞士气。我们留在后方的几个负责人，胜利地完成了这些任务。

北大学生会在1月7日收到北大南下宣传团同学1月5日发来的两封信：一封是致留校同学的；另一封是致学生会执委会的。为便于读者了解当时爱国学生的奋斗精神，现将致留校同学的信抄录于下：

留校同学公鉴：

本团于本月三日清晨，在农学院集合，与本市各大中学校同学共同组成扩大宣传团第一团。当日下午五时出发，七时到达大井，即投宿于此。四日早四时许，由大井出发，绕过丰台、南苑，中午到达黄村，晚八时许，达青云镇，遂宿焉。计是日共走九十余里，途中虽然饥寒交迫，但士气依然旺盛，无有退缩者。现已逐渐克服困难，前途已现曙光。不过，尚有一不易解决之难题在，即经费之支绌也！当出发之际，因时间迫切，仅筹措纸币二十元。私人所带，为数极少，学联方面亦不充裕，以此陷本校团员于苦境！……亟待留校同学，鼎力援助。

本团出发前，学生会曾允许以八十元作为本团补助费，但迄今未照拨。本日已去函催促，希望留校同学，共同督促学生会，以济前方同学燃眉之急！

又此次出发，过于仓促，致同学中之具有热忱者，多抱向隅。同人渴望留校同学，作第二次动员之壮举，一致在“民族解放运动”旗帜下，携手前进！

平津扩大宣传团第一团第一中队第三四小队北大同学同启。

一月五日

北大南下宣传同学致学生会执委会的信与致留校同学的信内容大致相同，不再抄录。现将学生会的复信抄录如下：

××兄转扩大宣传团第一中队第三四小队全体同学公鉴：

诸位五日发来之信，已于本日上午收到。当即转交文书股，且嘱其油印公布；并会同学术股，将来信登载第二期北大周刊。

昨日上午在三院开全体大会，当场辩论剧烈，秩序井然。最重要之决议：一为继续罢课，不达目的不止；二为扩大募捐，接济南下宣传队；三为根本反对中日南京会议。关于会场一切详情，可由南下慰劳代表×××同学详细报告。

诸位此次不辞劳苦，深入农村，奋斗精神，实堪钦佩，厚望继续努力，奋斗到底。经费一节，毋以为念，学生会立即进行募捐，在后方源源接济，不使中断。嗣后，关于前方详情，仍盼诸位随时报告勿误！专此奉复，并祝长途珍重！

×××谨复，一月七日晚上。

6. 我参加中华民族解放先锋队

中华民族解放先锋队是我党的外围组织，是在平津学生南下扩大宣传团的基础上成立的。现将成立经过简述如下：

1936年1月13日，平津学生南下扩大宣传团第三团到达河北省高碑店，被国民党的警察和便衣包围在一个小店里，强迫解散时，全体团员夜间在小店里召开了最后一次会议。大家慷慨激昂，气愤填膺，一致表示：要继续团结在一起，为抗日救亡奋斗到底！并要求成立一个组织，把这支抗日力量保存下来。经过热烈讨论，第三团团长蒋南翔同志建议成立“中国青年救亡先锋团”，全体团员热烈通过。第三团回到北平后，成立了这个组织。

1936年1月，南下扩大宣传团燕京清华队在高碑店与国民党军警发生冲突

南下扩大宣传团的第一团和第二团的部分团员，于1月21日到达保定，做了两天宣传工作；1月23日，河北省政府便不准他们出门，宣传工作无法进行，旋即接到北平学联要他们回北平的通知。当天晚上，在他们所住的保定大同中学，召开了回北平之前的最后一次团员大会。团员们表示：我们要奋斗到底，我们的力量要保存下来，就必须成立一个先进的抗日组织。团员们为这个组织提出了许多名称。最后大会一致通过：把它叫作“民族解放先锋队”，并推举韩天石等九人为筹备委员。

南下扩大宣传团回到北平后，于1936年2月1日，在北平师范大学召开全体团员大会。经我党地下组织的同意，将“中国青年救亡先锋团”与“民族解放先锋队”合并，定名为“中华民族解放先锋队”（简称“民先队”），并正式宣布成立。我当即参加了“民先队”，进一步靠拢了共产党。

7. 三三一抬棺游行

1936年1月下旬，赴南京“聆训”的各大学校长返回北平后，立即发表宣言，表示“绝对拥护中央政府”，“制裁罢课和一切破坏纪律之行动”。伪学生代表返校后，气势汹汹，鼓吹要“绝对信任政府”，并要求政府严惩“闹事学生”。

1936年2月，国民党南京政府颁布了“维持治安紧急办法”。北平市当局就掀起了镇压学生的恶浪，许多学校的爱国学生被逮捕或开除。设立在北平市地安门外的河北省立第17中学（简称河北高中）当局，强行改组学生会，并开除了参加学生运动积极分子康世恩等10人，把他们的行李扔到大门外，强迫他们离校。在校学生要求校长收回成命，遭到拒绝。高二、高三班的同学60人，激于义愤，和被开除的同学一起离开学校，流落街头，无处可去。傍晚，投宿于北京大学第三院学生宿舍。我们北大同学给予这些在抗日救亡战线上的战友以深切的同情。我和其他两位执行委员代表北大学生会，予以热情的慰问。住三院宿舍的北大同学，主动腾出铺位，让他们住宿。

按照北平学联的布置，各学校的学生代表300多人，于2月13日，护送河北高中被逐出的学生返校。该校闭门不纳，无人接待。学生们越墙而入，遂与该校部分工作人员发生冲突。不久，前来的外校学生即离去。早已闻风躲出校外的该校校长，于下午6时，伙同军警返回学校。将高二丙班学生郭清逮捕，五花大绑，押送监狱。郭清是一位普通的爱国学生，反动派却把他当成学生运动中的领导人物，是“大闹”河北高中的“主谋者”。于是对他严刑逼供，残酷折磨。但郭清很坚强，直到临死之前，他嘴里还喊着：“我决不怕死，我的死是有代价的。我是中国人，我要救中国。”反动派并没有从郭清口中得到他们所要的东西。

3月9日，爱国学生郭清在狱中被折磨致死！噩耗传来，各校学生悲愤异常，纷纷要求北平学联，对郭清之死要有所行动。学联党团决定：3月31日上午9时，在北京大学三院大礼堂，召开追悼郭清烈士大会。30日夜间，北大学生会接到学联的该项通知，我和其他几位执行委员连夜把开追悼会的消息，秘密通知了一些进步同学。

3月31日早晨，一位外校学生，用大汽车，从棺材铺运来一口空棺材，摆在北大三院大礼堂。上午8时，我来到大礼堂，看到棺材前脸挂着素描的郭清像，棺材周围摆放着各校学生送来的很多挽联和花圈。有些参加追悼会的学生，以为棺材里果真装殓着郭清烈士的尸体，顿时悲从中来！特别是有些女同学，泣不成声！会上散发了郭清烈士的事迹及被迫害的事实、“告各界同胞书”和“告警察及兵士书”等宣传品。

上午9时左右，集合到北大三院大礼堂的各校学生代表1000多人，正准备开始进行追悼会。北大校长蒋梦麟来到会场，严厉训斥学生，勒令停止开会。学生们置之不理。他把在场的北大学生会总务（相当于主席）、大会主持人之一的韩天石同学，叫到校长办公室，一定要他解散追悼会，不解散，就要处分他。韩天石同学理直气壮地说：这次会不是北大单独召开的，各校都有代表，我们没有权利解散，而且这个行动是正确的。当时，北大的各院院长胡适等人，都在校长办公室。

韩天石同学回到会场，汇报了情况。学联党团研究决定：追悼会继续进行。这时，北平市当局已派军警包围了北大三院的大门。守在门内的学生纠察队，严阵以待。上午11时，追悼大会开始。主席致词之后，各校学生代表纷纷发言，慷慨激昂，悲愤异常。有一位代表在发言中说道：我们连开追悼会的自由都没有了。同学们更加怒火中烧。大门已被封锁，军警要逮捕我们，怎么办？有人提议“抬棺游行”。大多数学生赞同，但大门已经出不去了。北大三院的南邻是孔德中学（现名北京第27中学）。两校之间有一条隔墙，年久失修。学生们就把北大三院与孔德中学之间的隔墙拆开一个豁口，将棺材抬出，经孔德中学的大门走上街头，开始了抬棺游行。游行队伍经东华门大街转

追悼大会之后举行的抬棺游行

到北池子大街，正在步伐整齐地前进时，被军警的摩托车队追上。他们向游行队伍横冲直撞，乱打滥捕。学生们进行了坚决的抵抗。结果，有些学生被打伤，有50多名学生被逮捕，押上警车，关进陆军监狱。在被捕的学生中，有北大的男同学5人、女同学4人。

31日下午，北京大学当局贴出两张布告。一张宣布："本届学生会着即停止一切活动"。另一张宣布："查本校学生巫省三、吴沛苍、韩天石、叶纪霖四人，破坏秩序，危害全校安宁，应即开除学籍。"

8. 为恢复学生会和营救被捕同学而斗争

面对现实，我们北大学生会的执行委员和全体同学开展了要求恢复学生会、反对开除爱国同学、营救被捕同学的斗争。

4月1日上午，北大学生会发表声明："学生会是由全体同学推选代表组织而成，学校当局不能任意摧残。"在未经全体同学决议停止本会活动之前，一切工作照常进行，并设法营救被捕同学和要求学校收回开除四位同学的成命。

4月1日下午，学生会派执行委员刘玉柱和我去见校长蒋梦麟，要求恢复学生会的活动，收回开除四位同学的成命，保释被捕同学。蒋校长余怒未息，气冲冲地说：把棺材抬进北大，是侮辱我蒋梦麟；你们学生会不经我批准，就召集外校学生来北大开会，是超越职权；"成命断难收回，学生会不能恢复"。蒋并表示：对被捕学生，"不能再予庇护"。从此之后，蒋校长拒绝接见学生会的代表。

但我们学生会的工作人员，并没有因为蒋梦麟的态度顽固，而放弃对被捕同学的营救和对被开除同学的支援。我们采取下述方式开展工作：(一)发动被开除和被捕同学所在的班、系接二连三地去找蒋梦麟请愿，要求他保释被捕同学和收回开除四位同学的成命；(二)利用各种社会关系，访问同情学生运动的社会知名人士，请他们对有关军政当局，晓之以爱国大义，劝他们早日释放被捕学生；(三)联络被捕同学的朋友、同班同学、同乡到陆军监狱探监，送衣物，去的人数次数越多，越能给反动当局以精神压力。北大女同学会曾数次派代表赴陆军监狱，探视三三一被捕的北大同学。第一次是我陪着她们去的，她们携带了一些糕点等慰问品。到监狱门口，狱吏不准接见。在回来的路上，我们遇到当时妇女界的一位进步人士，她也是去探监的。她告诉我们，在押的学生都戴上了脚镣，脚脖子磨破了，并说你们最好给他们做些“镣垫”。回校后，女同学们很快做好了一些“镣垫”，送给陆军监狱被押的北大同学。

采取上述方式，对营救被捕同学，起到一定的作用。例如，从4月2日到4日每天都有各班学生代表多人、多次去找蒋梦麟请愿；4月3日上午11点，有34班的学生代表66人及女同学代表6人，一同去向蒋梦麟请愿，一直谈到下午两点，还不让他回家。他为摆脱困境，最后说：我因今天接见同学次数太多，精神疲倦，俟改日再谈。代表们才退出他的办公室。经过三天的说理斗争和“疲劳轰炸”，终于使蒋校长改变了他拒绝保释被捕同学的态度。他说：“关于保释被捕同学事，本人已再三声明，决不帮忙，兹念师生感情，尚可尽力帮助。”这样，营救被捕同学的工作，就得到了开展。从4月13日至5月13日，北京大学被捕的男女同学9人，相继被保释出狱。由于各方面的努力营救，其他学校被捕的男女学生，也先后得到释放。

三三一抬棺游行，学生们虽然遭受了一点挫折，但针对当时抗日救亡运动面临的险恶环境，我认为还是很有意义的：它显示了中国青年的骨气。自从1936年2月，为适应日本帝国主义的需要，国民党政府颁布了“维持治安紧急办法”以来，反动派对平津以至全国学生的爱国运动，进行了疯狂的镇压。大批爱国学生被逮捕、关押或屠杀！三三一抬棺游行，向日本帝国主义和反动派显示了中国青年是吓不倒的，是有骨气的，是能为中华民族的解放事业战斗到底的！

9. 为组织北京大学学生救国委员会而斗争

由于三三一抬棺游行，北大学生会被学校当局命令“停止一切活动”，但实际上，学生会的原组织依然存在，一天也没有停止活动。在同学们的心目中，原学生会的组织机构，仍然是北大抗日救亡的领导机构。

1936年夏天，华北局势急剧恶化。5月6日，“冀察政务委员会”与日本帝国主义秘密签订了“防共自治协定”。在此时期，日本将“天津驻屯军司令部”改为“华北驻屯军司令部”。该部实际上是日军控制华北和进攻全中国的指挥部。

为了加紧侵略中国，日本大举向华北增兵。自1936年5月中旬至5月底，由日本运到天津的侵略军，就有7000多人。装备有大炮、坦克等各种轻重武器，耀武扬威地经过天津繁华区，开进日本兵营。日本侵略军把被迫为他们扩建兵营、修筑军事工程的大批中国工人秘密处死，将尸体抛入天津海河。我亲眼看到天津海河上有不少浮尸。日本侵略中国的这种残暴行动，激怒了天津爱国学生。5月28日，为反对日本增兵华北和彻查海河浮尸，天津市的爱国学生举行了声势浩大的示威游行。高呼“反对日本增兵华北！”“彻查海河浮尸！”“打倒日本帝国主义！”等口号，表达了中国青年抗日救亡的决心。

北京大学的同学为响应天津学生的爱国行动，反对日本增兵华北，纷纷要求原学生会执委会要有所表示。执委会遂即于5月31日（星期日）上午，召开全体同学大会，讨论决定：（一）自6月1日起停课三天；（二）发表宣言，支援天津学生的示威运动；（三）自动恢复学生会，并向学校当局备案。

由于北大当局拒绝备案，原学生会遂于6月1日上午在三院大礼堂，再次召开全体同学大会，讨论恢复学生会的问题。刚刚宣布开会，北平市当局突然派来警察、宪兵多人，进入会场，制止开会。他们说：原学生会已被学校当局下令“停止一切活动”，无权再召开大会。学生正在与警察、宪兵交涉，北大教务长和秘书长赶到会场，劝说学生停止开会。学生乃退出礼堂，撤到三院大操场，开座谈会。讨论决定：（一）将北大学生会改名为“北京大学学生救国委员会”；（二）由原学生会执行委员负责印制选票，分发给全体同学，选举救国委员会委员，名额为21人；（三）限6月2日上午9点当众开票。

我们原学生会执行委员分组负责，按大会决议进行工作，于6月2日下午3时，当众开票选出救国委员会委员21人。我是当选的委员之一。原学生会执行委员会，遂将学生会的全部工作和文件，移交给救国委员会。

这届北大学生救国委员会，虽然始终未得到北大当局的批准备案，但在民先队的大力支持和绝大多数同学的拥护下，仍然做了很多抗日救亡工作，并且参加了北平市学生救国联合会，当选为该会执行委员。

10. 发动北大同学参加六一三示威游行

为反对日本帝国主义增兵华北。北平市学生救国联合会决定：于6月13日举行全市学生示威游行。北大学生救国委员会接到通知后，我和其他委员立即发动北大同学，响应学联号召，积极参加游行。在这次示威游行中，学生没有和军警发生正面冲突，这是一个新的特点。

从一二·九运动以来，学生对“冀察政务委员会”委员长、二十九军军长宋哲元，采取了敌对态度。高喊：“打倒汉奸卖国贼！”宋哲元对待学生的办法是：狠打，不杀；捉而不判。所以在三三一事件中，造成很多学生受伤，50多名学生被捕。1936年4月初，北方局领导人刘少奇同志来到天津。他指示学生们：要把宋哲元看作统战对象，要对他进行统战工作。于是在六一三游行中，学生们改变了游行方式和所喊的口号。

在游行方式上，采取了打游击战的方式，迂回前进，运用“头掉尾，尾掉头”的战术。当游行队伍遇到军警阻拦时，就来个向后转，以后尾部队带头，绕道前进。再遇到军警阻拦时，再来个后转，原来的先头部队，就又走在前头了。如果游行队伍的两头都遭到军警的拦截，队伍就约定集合地点，化整为零，分散前进，到达约定地点集合。在口号方面，高呼：“打倒日本帝国主义！”“拥护宋委员长领导抗日！”“拥护二十九军保卫华北！”军警听到这些口号，也不追打学生了。所以在这次示威游行中，学生和军警未发生正面冲突。

鼓楼市民大会会场一角

采取迂回战术，经过七散七聚，躲开军警的拦截，各路游行大军，终于会师于鼓楼广场，召开了市民大会。通过了：反对日本增兵华北，武装保卫华北，停止内战、一致对外，收复东北失地等决议。学生高唱救亡歌曲，高呼

“打倒日本帝国主义！”等口号。会后，各校学生按地区分路游行。东城区各校学生队伍以北大校旗为导，游行到朝阳门内，分别回校。这次示威游行的胜利，显示了党的抗日民族统一战线的巨大威力。

11. 募捐支援绥远抗战

1936年11月16日，日本驱使大批匪军和伪军向绥远进攻。傅作义将军指挥绥远守土将士，奋勇抵抗，绥远抗战爆发。为给绥远抗战将士以物质支援和精神鼓励，北平市学生救国联合会特发起募捐运动。我们北大学生救国委员会遂即成立了募捐委员会，展开了募捐工作，并要求学校当局停止学生宿舍和教室的取暖煤火三天，各位同学自动节食一餐，以所节省之煤火费和节食款，捐助绥远抗战将士。全校教职员，也各自捐薪一日，作为劳军之用。

为扩大校外募捐，我们北大募捐委员会，商请学校当局同意，于11月20日下午停课半天，召开全校师生大会，讨论援绥募捐问题。在召开的师生大会上通过决议：11月21日学校停课一天，到校外募捐。

北大全体师生，按照募捐委员会的布置，于11月21日早晨分队出发，到北平市各繁华地区募捐。我带领的一队，到北京东四至朝阳门地区募捐。这个地区有一些山东老乡开设的商店，他们都踊跃捐献。截至11月23日，总计北大学生停火三日所节省的煤火费、节食一餐所省的饭费以及校内外募捐，共得款1000多元。全部送交北平学生救国联合会募捐委员会，购买了钢盔、皮衣等，送往绥远前线。北大教职员捐薪一日所得之款1300多元，全部用于购买药品。连同北大女同学们亲手缝制的一批绒裤、绒手套，由北大师生劳军代表团，带往绥远。

北平学联组织学生向各界募捐支前物资，上图展示的是现金和钢盔

1936年11月24日，绥远抗战将士收复百

灵庙，取得绥远抗战的伟大胜利！捷报传来，北平学生极为兴奋。

12月4日，北平学生援绥募捐委员会收到傅作义将军来电，全文如下：

北平学生救国联合会募捐委员会公鉴：

来电敬悉。此次绥东告警，举国关怀，乃荷勖勉有加，予以募捐援助。三军闻命，益壮声威。自当更为激策，奋勇杀敌，庶效忠党国，亦仰副我爱国同仁之殷望耳。特先电谢，惟希荃察。傅作义敬叩。

12. 为争取成立合法的北大学生会而斗争

一二·九运动时成立的北大学生会，因三三一抬棺游行，被北大当局勒令"停止一切活动"。1936年6月1日，经全体同学大会议决成立的北大学生救国委员会始终未得到学校当局的承认。实践证明：没有一个合法的学生会，开展抗日救亡工作，有一定的困难。所以在1936年秋季开学后，原学生会执委会推出的代表刘玉柱、葛佩琦和各系推出的代表，曾多次与北大当局交涉关于组织北大学生会的问题。当局一直拖延到11月底，才有条件地答应筹组学生会。条件是：必须按照国民党中央党部颁发的"高等院校学生自治会组织大纲"进行组织。否则，学校不予立案。因此，这届学生会完全是按"法定程序"组织的。

各班选出代表二人，组成学生自治会筹备委员会。1936年12月4日，在二院礼堂召开了第一次筹备委员会。讨论决定：（一）由刘玉柱、葛佩琦、袁宝华、陈忠经、王德昭、何佶（吕荧）、周文老七人组成起草委员会，负责起草学生自治会章程；（二）该起草委员七人即为筹备委员会负责人；（三）成立学生自治会筹备处。

12月11日上午8时，在三院大礼堂，由北大学生自治会筹备委员会召开全体同学大会，讨论通过了《北京大学学生自治会章程》，正式宣布北京大学学生自治会成立。

按《北京大学学生自治会章程》规定：五人自由结合可选代表一个的办法，各班分别选出班代表。于12月11日晚在二院大教室，举行北大学生自治会第一次班代表大会。在北大学生生活辅导委员会主席的指导下，选举学生会主席、副主席、执行委员。结果选出：陈忠经为学生会主席、葛佩琦为副主席，刘玉柱、袁宝华、陆平、胡昭衡、顾大椿等17人为执行委员。

1990年2月，葛佩琦与部分北大同学团聚。第一排从左到右：葛佩琦、朱傲石、袁宝华、顾大椿、陈忠经。第二排从左到右：白文治、韩天石、刘导生、孙思白、汪鸿文。第三排从左到右：胡昭衡、任继愈、刘玉柱、陆平

13. 发动北大同学参加一二·一二示威游行

1936年11月24日，傅作义的部队收复了百灵庙。全国人民欢欣鼓舞，渴望中国军队乘胜前进，扩大抗日战果。青岛日本纱厂的中国工人，不堪日本资本家的残酷压榨，举行抗日大罢工。与此同时，国民党政府为镇压全国抗日救国运动，于1936年11月22日深夜，派武装宪警逮捕了全国各界救国联合会领导人：沈钧儒、王造时、李公朴、沙千里、章乃器、邹韬奋、史良七人，关进了监狱。国民党政府的这种对日寇侵略，屈辱投降；对救国运动，严厉镇压的倒行逆施，激起全国人民的无比愤怒。

为了庆祝绥远抗战胜利，支持青岛工人抗日大罢工，要求释放全国救国会领导人沈钧儒等，北平市学生救国联合会决定：于1936年12月12日，发动各校学生，举行大规模的示威游行。北平全市的游行队伍共分为三路，东城各大、中学校的学生合编为第一路，由北京大学领队。北大学生会接到通知后，立即发动同学们参加游行。为避免游行队伍一出门就和军警打“遭遇战”。这次我们采取了分散出发，到约定地点集合的战术。

12月12日早晨，天还不亮，各校门口就布满了武装军警，准备把学生队伍堵在校内，不准外出。但直到太阳高升，军警也没有发现学生队伍的踪影。8点钟左右，那些在马路边、小胡同里，溜溜达达的学生，一声号令，就集合成游行大军。高呼口号，齐声歌唱，使得军警愕然不知所措。三路大军在东皇城根会师后，便开始了声势浩大的示威游行。游行队伍路遇宋哲元坐在小汽车里，学生就把汽车包围了，要求宋哲元出来接见。宋迟疑不答。学生们高呼：“拥护宋哲元将军抗日！”“拥护二十九军保卫冀察！”并把一些传单递给宋哲元看。最后，宋哲元答应：下午在景山公园接见学生。

放走了宋哲元的小汽车，大队继续游行。中午12点多钟，各路游行队伍在北京大学第一院大操场集合。正在召开大会，忽然接到北平市内六区警察署（在北大附近）传来的通知：下午宋哲元在景山公园接见学生并发表讲话。游行指挥部经过研究，决定整队前往。

下午1点多钟，我们北大的游行队伍首先进入景山公园，其他各游行队伍相继到达。共到学生约5000人。北平市当局派人送来包子、开水，但学生们没有吃，也没有喝。下午两点多钟，大批武装军队开进景山公园，沿红墙内侧

北平爱国学生于1936年12月12日举行第五次大示威。图为12日下午，学生游行队伍向景山进发

布岗。学生们有些惊疑，要向外冲。指挥部的同志高喊：镇静！镇静！是凶，是吉？有些人仍在猜疑。直到下午5点左右，北平市长秦德纯才来到会场。他说，宋委员长到西山开会去了，他代表宋委员长和同学们见面。他发表了简单的讲话，表示愿意抗日，但要大家不要对外声张。大会主席团提出几项关于抗日救亡的要求，秦德纯一一答应。其中有一项，要求释放被捕学生。秦说：今天就办。全体学生振臂高呼“打倒日本帝国主义！”“拥护宋军长抗日！”“拥护二十九军抗日！”等口号。大会结束。

当学生队伍步伐整齐、气势雄壮，走出景山大门时，站岗的士兵向学生敬礼！学生们高呼：“拥护二十九军保卫冀察！”这时，天色已黑，各队学生在返校途中，仍然高呼抗日口号，齐唱救亡歌曲，抒发胜利愉快的心情！

这是党的抗日民族统一战线方针在抗日救亡运动中，取得的又一次伟大的胜利。

14. 学习游击战准备上前线

1937年6月中旬，我在北京大学物理系毕业，获得学士学位。山东省教育厅介绍我到省立第五中学（当时该校设在临沂县）教物理，但我不想离开北平。当时想得最多的，是前途问题。我有两种打算：如果抗日战争爆发，我就响应党的号召，参加抗战；如果中日暂时打不起来，听说到秋天，清华大学要召考公费留美学生，我就去报名参加考试。至于职业问题，我并不发愁，在北平有关中学，找几个钟点课教一教，就可以吃饭。

从1937年6月28日开始，北京大学、清华大学、中法大学、中国大学、北平大学法商学院等院校学生，在西山大觉寺联合举办军事夏令营，实行军事编组。北大同学杨雨民任司令、宋尔纯（宋应）任政治部主任、孙兴诗（孙思白）任第二大队长……夏令营的课目除学术讨论、名人讲演、时事政治以及各种游艺外，还请了红军老干部袁也烈同志讲游击战。当时，我在城内某中学兼课，不能用全部时间参加夏令营。为了学习游击战知识，我专程到夏令营，听袁也烈同志讲课，从而学到一点游击战常识，例如：战争的基本原则是“保存自己的力量，消灭敌人的力量”；打游击战的原则是“打得赢就打，打不赢就走”；打游击战的16字令是“敌来我走，敌进我退，敌驻我扰，敌疲我打”；引诱和迷惑敌人的方法是“声东击西，忽南忽北，即打即离，夜间行动”。根据我在夏令营学到的这点游击战常识，在抗战时期，我也组织起一支小小的游击队。

15. 支援七七抗战创办伤兵医院

1937年7月7日深夜，日本侵略军炮轰卢沟桥（在北京西南15公里）。守桥的二十九军，予以英勇还击，振奋了全国人民的抗日决心，打响了全面抗战的第一炮，抗日战争爆发。

北大同学听到炮声，精神振奋，纷纷表示：誓作二十九军保卫北平的后盾。7月8日，北大学生会组织了几个慰劳队，分赴卢沟桥和城内伤兵医院，慰劳伤员。我带着一个慰劳队，到了东直门内陆军总医院。伤员们有的头上裹着纱布，有的腿上打着石膏。他们不顾伤痛，热情地向我们介绍战斗情况，并表示：争取早日伤愈，重回前线。学生和伤员亲切握手，互相鼓励！

抗日战争爆发后，中华民族解放先锋队的代表赴医院慰问抗日伤员

7月9日，北京大学的学生和北平大学医学院的学生组成了战地联合救护队，到战地救护伤兵，我也参加了。在北平地下共产党领导下，学联发起捐献一万条麻袋运动，以支援二十九军构筑街头堡垒。北大学生会组织了捐献麻袋小组，动员同学外出募捐麻袋。同学们募集到大批麻袋，堆积在红楼后面的操场上。在募捐麻袋的过程中，我发现商人对支持抗战也很热诚。我到朝阳门里一家粮店募捐麻袋时，我要10条，他们给了20条，并且说：不够，还可以拿。抬进城内的伤兵，无处收容。在民先队的支持下，我们把北京大学第三院改为伤兵医院。没有经费、没有设备、没有医药，一切全靠自力更生。我去见北大秘书长郑天挺先生，他表示大力支持。他说：学校的东西，医院都可以借用。炊事用煤、水费、电费，由学校负担。北大同学们把宿舍的床铺，抬到三院大礼堂，布置起一个简易病房。经人介绍，我到北平灯市口公理会，找到一位王大夫。他帮助我们募集到一批药品和米面，我们请他担任医务主任。我担任总务主任，执行院长职务。宋应同学担任担架队长，负责收容伤兵。医学院的同学负责医务工作，女一中等校的同学负责护理工作，北大同学负责后勤工作。这样，伤兵医院就成立了，开始收容伤兵。我们收容的伤兵，绝大多数是二十九军的抗日战士；少数是原驻通州的冀东保安队，张庆余部反正时，被日军打伤的保安队员。北大同学刘江陵、朱穆之、宋尔廉、汪鸿文、白文治、孙思白、徐世纶等，都积极参加了抢救伤兵的工作。

7月28日凌晨，日军出动飞机、大炮、坦克，向二十九军南苑兵营发起猛烈进攻，炮声隆隆，黑烟滚滚，战斗异常激烈。二十九军副军长佟麟阁、师长赵登禹壮烈牺牲。28日夜间，二十九军撤退，北平沦陷！

日军尚未进城，我们继续抢救伤兵。8月5日，听说日军要进北平城，我们把伤兵转移到安全地区。8月7日，平津铁路恢复通车，我和刘江陵、朱穆之等几位老战友，登上火车。我们以十分沉重的心情，告别北平：可爱的北平，愿你无恙，我们是一定要回来的！

三、冒险犯难参加八年抗战

1. 脱离日寇控制辗转到了南京

我们告别北平的目的，是要脱离日寇统治区，奔赴抗日战场。到了天津，日军正在集中兵力，沿津浦铁路南犯。天津到济南的火车不通。我们便搭乘一艘英国轮船，准备赴上海。船到塘沽，上海爆发了八一三抗战。船长（英国人）怕冒风险，要把船开回天津。我们坚决反对。船上坐了500多名北平学生，大家选出刘江陵、何礼、谢云晖、葛佩琦、袁汝镛等同学，组成指挥部，与船长进行了严肃的斗争。我们向船长提出警告：如果你一定要把船开回天津，我们就先把你扔到海里去。因为船再开回天津，我们这批中国学生，就可能遭到日本人杀害。最后船长答应：将船开到烟台。

到烟台下船后，同学们松了一口气，总算脱离了日寇的控制。这时，同学们产生了一个共同的愿望：赶快投入新的战斗。

我们从烟台坐小火轮，到了虎头崖。下船后，同学们背着行李，步行20多里，到达山东掖县的沙河镇。此处离我的家乡平度县，近在咫尺。有的同学劝我回家看看。我说：大禹治水，三过其门而不入。抗日如治洪水，我怎么能一过家门就回家。

我们男女同学约300人，在沙河镇住了三天，开展了抗日救亡宣传，向群众讲了卢沟桥抗日的情况，教儿童唱救亡歌曲，到处可以听到“工农兵学商一齐来救亡……”的歌声。我们的食宿全由沙河镇商会供应。临走时，我和何礼到商会辞行，并要付给他们饭钱。那位商会会长说：“工农兵学商都是一家人，你们为抗日救亡路过此地，我们理应招待，不能收钱。”我们从沙河镇坐上驻济南部队向烟台运兵的回程汽车，到了潍县，转乘火车到了济南。

这时，济南已经汇集了大批平津学生。根据党的指示，民先队领导同志在济南开了一个会，研究决定：一部分同学北上到太原，支援山西的抗战工作；适合于留在山东工作的同学，就留在山东；另一部分同学南下到南京，开展南方的抗日救亡工作，推动国民党南京政府全面抗战。我和一批老战友到了南京。

2. 我参加组织南京平津流亡同学会

我们到达南京之前，已有一部分平津学生流亡到南京，并于8月中旬成立了“南京平津流亡同学会”（以下简称平津同学会）。流亡到南京的平津学生，越来越多。我们到达南京后，平津同学会进行了改选。当选为执行委员的有：王文彬、郑代巩、丁秀、何礼、刘玉柱、葛佩琦、谢云晖、吴承明、赵启海等同学。执行委员中绝大多数是共产党员和民先队员。当时国共合作虽然已经成立，但国民党仍然坚持片面抗战，不敢动员民众实行全面抗战。

为了发展抗日民族统一战线，推动国民党实行全面抗战，并要求国民党中央政府分配平津流亡学生上前线，参加抗战工作。平津同学会派何礼、吴承明和我为代表，带着《平津同学会上政府意见书》，往访国民党中央政治委员会主席汪精卫、中央党部秘书长叶楚沧、中央宣传部长邵力子、教育部长王世杰、军委会第六部部长陈立夫等党政要人。蒋、汪两派都想争夺我们这批平津学生，为他们所用，但谁也不同意分配我们上前线工作。经过交涉，南京政府教育部为我们这批平津学生安排了食宿，女生住在南京市立第一中学，男生住在市第二中学和第八中学。对于愿意回家或复学的流亡学生，教育部发给车船票和两元零花钱。汪精卫的妻子送给同学会背心、裤衩、牙刷、牙缸、毛巾、洗脸盆各500件。我们把这些东西转送到伤兵医院，慰劳了伤兵。

在这里我来谈谈往访汪精卫的情况。汪精卫住在南京孝陵卫。离他的住宅约半里地，设置了第一条警卫线，他的大门口，警卫森严。我和何礼、吴承明三人，第一次往访汪精卫，到了第一条警卫线，就被哨兵挡住了。我们拿出平津同学会的证明信，说明我们是从北平来的学生。哨兵以警惕的目光，打量了我们一番，说：不准通过，没有党政机关的证明文件，谁也不能通过。我们扫兴而归。第二天，我们三个换上西服，坐上一辆租来的汽车，再次往访汪精卫。汽车到了第一条警卫线，哨兵不但未盘问，反而打了一个“立正”，我们就通过了。汽车到了汪精卫的大门口，卫兵很有礼貌地把我们领到接待室。我们向接待人员说明来意。接待人员说：汪主席已经“公出”。我们把平津同学会写给汪精卫的信和《上政府意见书》交给接待人员。他说：一定呈给汪主席。时过数日，平津同学会接到汪精卫的复信，大意如下：

平津同学会公鉴：

暴敌肆虐，平津沦陷，大好山河，横遭蹂躏（以上是原文）。诸位同学，爱国心切，辗转来京，请缨抗战。兆铭（汪精卫的名字）展阅大函，无限敬佩。请派代表于八月（　　）日（　　）时，来中央政治委员会一叙。

汪兆铭（签名）

我们八九名执行委员代表平津同学会，按约定时间前往。汪精卫亲自接见了我们。问寒问暖，笑容可掬。问我们有什么困难，有什么意见，让我们随便谈谈，不要拘束。我们提出：（一）要动员民众、团结各党各派实行全面抗战。他说：国府（国民政府）已下了动员令，战端一开，地无分南北，人无分老幼，都有参加抗战的义务。（二）我们提出：平津山东等沦陷区，还有大批爱国学生，政府应设法支持他们撤出。他说：国府已有此计划。（三）我们提出：要迅速恢复从沦陷区撤出的高等学校，以便广大同学复学。他说：国府已在办理。（四）我们提出：请支持流亡同学参加抗日救亡工作，并希望分配我们平津学生上前线工作。他说：诸位都是大学生，是国家的栋梁之才，焉能轻易上前线牺牲；至于参加抗日救亡工作，你们有完全自由，我支持你们。最后，汪精卫说：你们提的意见都很好，我转达蒋介石。以后的事实证明：汪精卫说的完全是一套汉奸政客骗人的话。在他接见我们之后不到两个月，我们就被国民党南京宪兵司令部，以“滋事学生”的罪名逮捕了。这就是汪精卫对我们的“支持”。

我们除访问了一些国民党的要人之外，还代表平津同学会访问了一些社会名流和进步人士，如张申府、沈钧儒、中苏友好协会的张西曼等人。他们对我们要求实行全面抗战的呼吁，给予了同情和支持。

八路军驻南京办事处（今青云巷41号）

1937年8月中旬，八路军南京办事处成立，地址在南京傅厚岗66号（现在的青云巷41号）。中共中央指派八路军参谋长叶剑英同志为八路军驻南京代表，李克农同志为八路军南京办事处处长，中共中央书记处书记博古（秦邦宪）同志为中共中央驻南京代表。所以当时的八路军南京办事处，既是我军派驻南京的办事机构，也是我党派驻南京的代表机构。

原北平市西城区我党地下区委书记李华（李承如）同志，随平津同学到了南京。他联系平津同学会中的我党地下党员，建立了党的地下组织。蒋南翔、李华同志和博古同志见了面，接上了组织关系。博古同志指派李华成立我党南京市委员会，由李华担任书记，由于辛（马子卿）和方珂德二人担任委员。在平津同学会中成立了由王文彬、何礼、郑代巩三人组成的党组，受我党南京市委直接领导。当时在平津同学会中有组织联系的地下党员约二三十人。以南京平津同学会中的民先队员为基础，建立了民先队南京地方队部，由丁秀同志担任队长，领导全南京市的民先队。

在我党地下组织的领导下，南京平津同学会组织流亡同学，做了大量的利于抗战的工作：（一）组织战地救护队，上前线救伤兵。当时中日两军正在上海激战，大批伤兵，无人抢救。我和负责救护伤兵的朱子桥将军（他是全国救济总会会长）联系。他说：昆山一线，有大批重伤兵，集中在火车站，送不出来。他问：你们平津学生能否担任这项抢救任务？我说：只要有运输工具，我们就可完成这项任务。朱将军写了一封介绍信。我们战地救护队，拿着介绍信，和浦口伤兵收容站联系后，就带着担架，登上火车，到了昆山附近的火车站，把大批伤兵，抬下火线送上火车，运到后方，送进医院。有的同学还留在伤兵医院，为伤兵服务。（二）组织宣传团，扩大抗日救亡宣传。组织了三个宣传团：由郑训、赵启海等同学组织的“平津同学会歌咏团”，到南京中央广播电台，大唱《义勇军进行曲》《救亡进行曲》《流亡三步曲》等救亡歌曲，鼓舞了南京市人民的抗日救亡热情。由荣千祥（荣高棠）、张瑞芳、苗培时、陈荒煤、张楠等同学组织的“平津学生战地流动宣传团”，沿津浦路北上，转陇海路、平汉路至驻马店。抗日歌声，传遍中原。由平津同学叶笃连（叶方）、董凌云、胡笃宏、李庚等人参加的，由南京市委领导的“首都平津学生抗日救亡宣传团”，走遍大江南北的工矿农村，直到武汉，宣传抗日民族统一战线和抗日救国十大纲领，激发了广大工农群众的抗日决心。（三）开展了抗日民族统一战线工作。平津同学会除派代表走访了国民党上层人物，推动国民党实行全面抗战外，我们还和南京秘密学联取得联系，派代表赴金陵大学、中央大学、钟英中学等大、中学校串连，共同进行抗日救亡活动。在参加南京市纪念九一八六周年的活动中，平津同学会的游行队伍，高喊抗日口号，齐唱救亡歌曲，四个人一排，肩并肩，臂挽臂，步伐整齐，威武雄壮，振奋了南京人民的抗日情绪。张瑞芳等同学在马路边演出的街头剧《放下你的鞭子》，在南京大戏院演出的《打鬼子去》和《打回老家去》，激起了南京广大群众对日本侵略者的仇恨！（四）输送了大批青年学生到后方和延安。随着中日战争的扩大，来到南京平津同学会的流亡学生，不仅有北平、天津的学生，而且有河北、山东、上海以至九龙、广东的学生。当时，日本飞机天天到南京轰炸，为安全起见，平津同学会成立了迎送小组，负责迎来送往。来者不拒，为他（她）们安置食宿。去者不留，发给车船票、零用钱以及通行证明书。去的目的地，自由选择。平津同学会在几个月之内，输送到全国各地的青年学生，在万人以上。他们有些人到了敌后，拉起地方武装，组织起抗日游击队，创建了抗日根据地，使一二·九抗日学生运动之花，结出了丰硕的抗战之果；有的到后方读书，现在成了专家学者，是“四化”建设的骨干；有的赴延安学习，现在成了党和国家的高级干部。抚今思昔，倍感亲切。

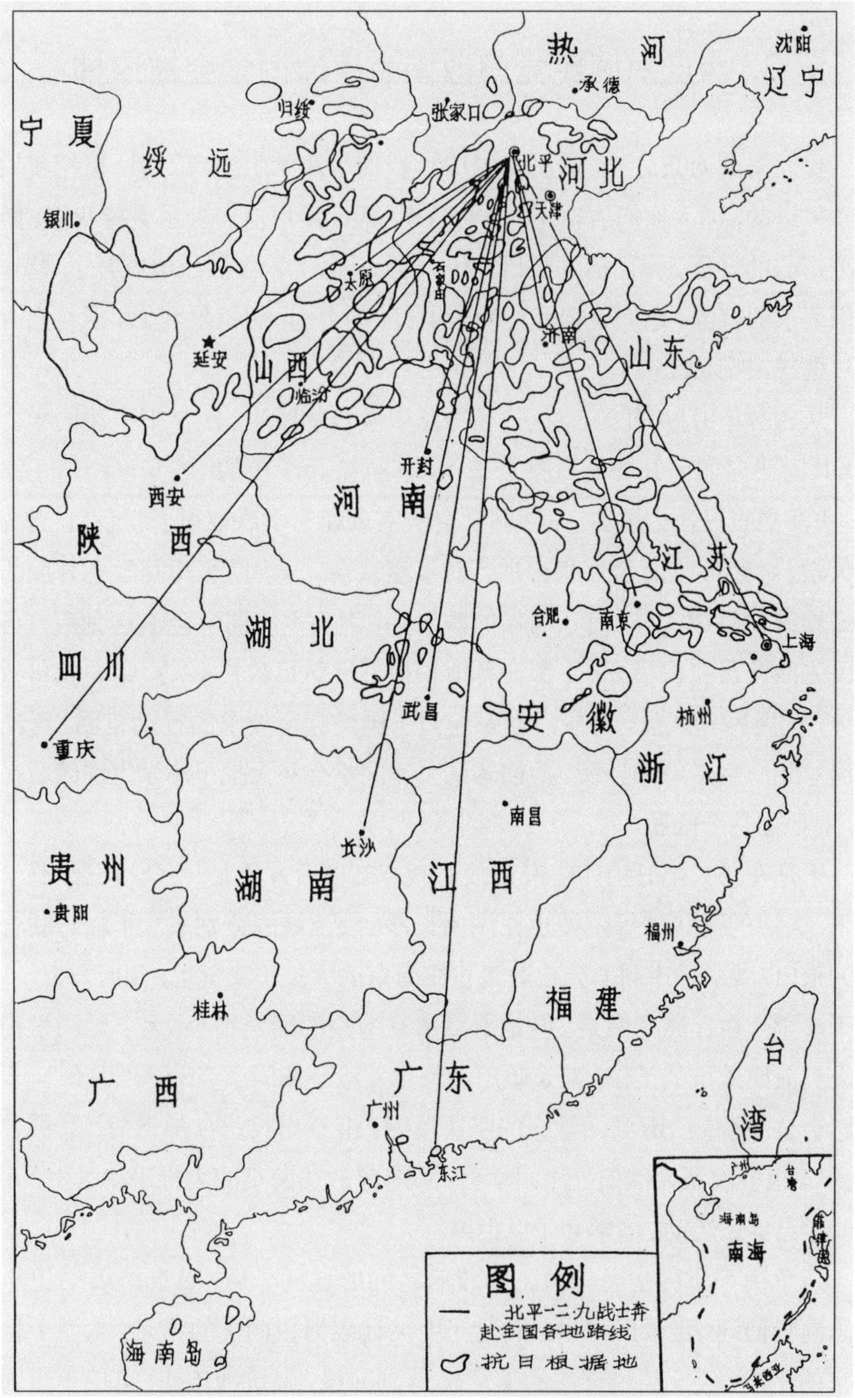

一二·九学生运动战士奔赴全国各地开展抗日救亡工作示意图

3. 为反对国民党解散南京平津同学会被逮捕

我们来到南京之初，国民党当局对我们平津学生抱有幻想，想把我们搞的学生运动，纳入他们的轨道，为他们所利用。所以他们表示支持我们。随着抗战形势的发展，我们搞的抗日宣传、群众组织，轰轰烈烈地展开了，超过了他们要求的范围。他们就视我们为眼中钉、肉中刺，想铲除我们。现将当时的经过情况，略述如下：

从1937年9月初开始，南京一些大、中学校的学生，经常来平津同学会联系，共同研究如何开展抗日救亡工作，甚至宪兵学校的学生，也约请平津同学，去演唱抗日救亡歌曲。平津同学会与南京秘密学联取得了联系后，曾与中央大学、金陵大学的学生联合举行时事座谈会。这表明平津同学会开展的抗日民族统一战线工作，有了明显的效果。由南京平津同学会输送到后方各地的民先队队员和积极分子，都在各地积极开展抗日救亡活动，组织抗日救亡团体，发展民先队员。这些活动都超过了国民党所要求的行动范围。国民党当局对此产生疑虑和恐慌。他们感到平津同学会和大批平津学生继续留在南京，对他们是个威胁。

于是在1937年9月中旬，南京政府教育部以后方各大、中学校已经开学，北平、天津的一些高等院校也在湖南长沙、陕西城固分别成立了临时联合大学为借口，要求平津同学会疏散聚积在南京的大批平津学生，到后方去，并动员平津学生自行离开南京。但是愿意离开南京的同学很少，大多数同学仍然要求到前线做抗战工作。南京政府教育部发给平津同学会一份“训令”，要求同学会自动解散，遭到同学会的坚决反对。南京宪兵司令部借口“维护首都治安”，也多次派人催促平津同学会，从速疏散在南京的大批平津学生，并要求同学会停止活动。同学会予以拒绝。

为解决平津同学会与国民党政府之间的这种矛盾，南京市委书记李华同志向我们同学会的负责人，传达了中央代表博古同志的指示：为便于将在南京的平津学生，经过合法的渠道输送到前线，做抗战工作，可用平津同学会的名义，要求国民党政府，为流亡到南京的平津学生办个训练班。听了传达后，同学会派我和郑代巩为代表，到南京政府教育部，见到高教司司长周炳琳，提出办战训班的要求。周答：可以转请国府研究，你们自己也要有所准备，看看究竟有多少人愿意参加。同学会将办战训班的消息公布于全体同学，并请愿意参加者签名。有些同学由于不了解战训班的性质，是否签名，犹豫不决。党的地下组织通过党员，向群众作了说明和动员，并由党员和民先队队员带头签名。于是有很多同学签了名。9月下旬，战训班的筹备处派李炳昌等三名教官，来平津同学会了解签名情况，问男女各有多少人，并拿走了签名册。9月底战训班正式宣布成立，一部分同学去了战训班，大部分同学仍然留在平津同学会。

10月初的一天，南京宪兵司令部的特务余仲虎，以南京宪兵司令谷正伦的名义，要求我们解散平津同学会。他并威胁说：如果不解散，在南京的平津流亡学生中，一旦出了汉奸，你们同学会要负完全责任。我们同学会负责人断然拒绝了他的要求。1937年10月8日晚间，我们平津同学会的执行委员正在开会，市委书记李华也来参加。忽然听到窗外有马靴声。郑代巩说了一声："不好，军队来捉人了！"我赶快沿着走廊向东走，看到大批宪兵已经进到院内，全副武装，如临大敌。两个宪兵把我押到宿舍，要我收拾行李，跟着他们走。这样，我就被逮捕了。我们同时被逮捕的共10人，即：王文彬、郑代巩、丁秀、何礼、葛佩琦、刘玉柱、方琦德、赵启海、蒋南翔、杜天翔。我们被关押进南京警备司令部监狱，罪名是"滋事学生"。10月9日，国民党当局宣布解散南京平津同学会。在南京的平津学生，愿意入战训班的就登记，不愿意入战训班的就离开南京。我们平津同学会执行委员的被逮捕，充分暴露了国民党是被迫抗战、片面抗战而害怕爱国学生参加抗战的真面目。

我们被捕的当天，分散关押在有刑事犯的监号内。室内潮湿，空气污浊，臭不可闻。第二天早饭后，我们向警备司令部提出质问：你们为什么逮捕我们？我们是爱国学生，为要求参加抗战来到"首都"，你们为什么把我们和刑事犯关在一起？爱国无罪，要求立刻释放我们。下午，看守把我们10人集中到一所空监房（关押政治犯用的）。房内有十多个监号，让我们自己安排床位。只锁监房门，不锁监号门。这样，我们就比较方便一些。每天由丁秀带着，在走廊里做早操，由赵启海指挥唱救亡歌曲，上午集中在一起，讨论时事政治，下午自由活动。每天两顿糟米饭，北方同学吃不饱，看守代我们出去买大饼。10月10日“国庆节”，我们要求改善生活（一种斗争方式），看守给我们送来南京板鸭。我们被关押之后，没有受“审讯”。到了第七天，我们被叫到三间空屋里，一位穿西服的人，发给我们每人一张没有字的红格纸，要我们写个人的家庭住址、学历和来南京的目的。我写的是：来南京要求参加抗战工作。写完之后，那个人就要我们回监房取行李。警备司令部用大汽车，把我们送到了“南京青年战地服务训练班”。一进门，看到很多平津同学会的老同学，他们围拢上来和我们热烈握手、交谈，帮着我们拿行李。我们感到十分亲切，无限高兴。

1984年6月，南京“狱中四难友”合影于北京，左起：何礼、丁秀、刘玉柱、葛佩琦

4. 南京青年战地服务训练班概况

南京青年战地服务训练班的全称是：国民政府军事委员会南京青年战地服务训练班（以下简称战训班）。主任是军事委员会第六部（民运部）部长陈立夫，副主任是黄仲翔（就是在我们要离开警备司令部那天，穿着西服找我们谈

话的那个人）。战训班的地址在南京建邺路原国民党中央政治学校旧址。

战训班的组织机构有班本部，下设大队部和政训处。大队长是李炳昌，政训处长是雷锡龄。有学员五六百人，男生编为三个中队，女生编为一个区队。每个中队有一名政治教官，有三个区队，每个区队有三个小队。中队长、区队长、政治教官由班本部委派，小队长由区队长指派学员担任。

战训班的训练内容：（一）军事训练为主，每天占的时间最多。开始是徒手操练，立正、稍息、走步；以后发给每人一支步枪，进行持枪训练，学习瞄准、射击，最后进行了打靶演习。（二）政治训练分为两类：第一类是“精神讲话”。汪精卫、陈立夫、黄仲翔、刘健群、晏阳初、雷震等人，都到战训班作过“精神讲话”。汪精卫讲的是“焦土抗战”；陈立夫讲的是“唯生论”；刘健群讲的是“一个党、一个主义、一个政府、一个领袖”；晏阳初在讲话中说国民党的政策是“杀鸡求卵”政策。第二类是政治教官讲“总理遗教”和“领袖言行”。讲得笑话百出，常常被学员们质问得张口结舌，无言对答。（三）战地服务常识。其中包括战地救护、战地通讯、战地侦察。

上海沦陷，南京岌危，日本飞机天天到南京扔炸弹，训练难以正常进行。1937年11月下旬的一个夜间，学员们突然接到命令：“紧急集合！”大队长李炳昌站在队前，用急促的声音宣布：“奉上级命令，本班全体人员，今夜离开南京。现在以中队为单位，做好行军准备，听号令集合出发。”临时从各中队抽调身强力壮的学员50多人，编成一个警卫区队，负责打前站和维护宿营地的安全。行李集中运输。同学们整队到达江边，以十分沉重的心情，告别了南京，登上轮船，沿长江逆流而上，第二天到达了芜湖，在此住了约10天。

12月上旬，南京告急，芜湖受到威胁，战训班的学员们开始了徒步行军，到达了安徽省南陵县的丫山镇，在此驻了约半个月。12月中旬，南京沦陷。战训班奉命转移，由丫山出发，经青阳、贵池、东流、至德，到达了江西景德镇。

战训班在南京成立之初，宣布的训练期限为三个月，到12月底，学员就应该毕业。但训练班当局借口行军耽误了训练计划，要延长训练期限。学员们坚决反对，要求按时毕业，分配到前线工作。经过曲折的斗争，学员们终于获得了胜利。战训班当局于1938年1月1日，在景德镇为毕业学员举行了毕业仪式，发给每位毕业学员一张毕业证书和一枚纪念章。

1938年1月上旬，战训班当局将100多名毕业的男学员调往武汉，等候分配工作，我是其中的一个。

南京青年战地服务训练班，虽然是国民党政府军事委员会第六部所办的，但实际上，班里的共产党员、民先队员和进步同学占全班总数的90%以上。他们的活动始终是受中共地下组织领导的，他们在政治上和思想上是积极跟着共产党走的。

1986年3月，葛佩琦（第一排左一）与南京青年战地服务训练班同学在北京合影

5. 我党在战训班中领导的斗争

南京青年战地服务训练班成立之初，我党南京市委就派地下党员顾大椿、王振洪、刘增奎（刘野亮）等同志，以学员身份进入了战训班，建立了地下党支部，领导进步学员与反动派进行斗争。当时，在战训班中，有组织联系的地下学员20多人。中华民族解放先锋队也在战训班中建立起了分队部，有队

员约200人，成为与反动派斗争的骨干力量。在我党地下支部的领导下，民先队员团结广大进步同学，与训练班当局在班里搞的反动活动，展开了一次又一次的斗争，都取得了胜利。现将斗争经过，简述如下：

在战训班成立初期，是围绕着汪精卫、刘健群等人，在“精神讲话”中散布的一些不利于抗战的论点，展开的斗争。例如，他们说：必须在一个党（国民党）、一个主义（三民主义）、一个政府（国民政府）、一个领导（蒋介石）的领导下，才能取得抗战的胜利。我们说：必须联合各民主党派，团结一切抗日进步力量，动员全国各族人民，共同抗战，才能取得最后胜利。

国民党为了争夺这批爱国青年，为他们的反动政治路线服务，在战训班政训处的策划下，由国民党学生出面，拉拢少数落后学生，在战训班中秘密组织了一个反动团体——“战斗青年社”。

有一天，政训处的一位政治教官，召集一些同学开座谈会。那个教官说，为了活跃班里的文化政治生活，有些同学建议办一份墙报。政训处已经同意，希望大家为墙报写稿。1937年10月下旬，该墙报贴出来了，报名叫《战斗墙报》。其中除了进步同学写的几篇生活感受外，大部分稿子是鼓吹国民党一党专政的谬论。编者还要求同学们“踊跃投稿”。在我党地下支部的领导下，我们民先队员在同学中间，指明了《战斗墙报》是受“战斗青年社”操纵的，并揭露了“战斗青年社”里几个骨干分子的底细——他们在北平上学时，都是从国民党北平市党部领取津贴的“职业学生”。此后，广大同学很少给《战斗墙报》写稿子。该报出了两三期就停止了。

党支部在战训班中，不仅着重政治领导，也注意领导生活斗争。战训班开学之初，对学员实行军事管理——星期天不准自由外出，外出必须请假，上课时间，不准请假看病；开饭时间，必须整队进入食堂，限五分钟吃完；每日三餐，都是大米饭，北方学生很不习惯……广大学员对上述管理方法，很不满意。10月中旬的一天，在党支部的领导下，全体学员举行了“罢饭斗争”。学员们有秩序地进入食堂，但只坐着，不吃饭。一位同学提议：我们讨论一下生活问题，食堂就变成了会场。讨论通过了几项改善生活的决议，并推选代表与战训班当局交涉。结果，当局答应了同学们的要求：（一）星期天学员们可以自由出入战训班的大门，但必须在晚上点名前回来。（二）开饭时，听号声自由进食堂，不限吃饭时间，每餐给每人增加两个小馒头。这次生活斗争的胜利，扩大了党员和民先队员在群众中的影响，增加了同学们之间的联系，使大家认识到团结就是力量。

战训班撤到芜湖之后，一切训练都停止了，学员的生活比较松散。我们民先队员和进步同学利用空余的时间，组成抗日宣传队，到芜湖市区向群众进行抗日救亡宣传，激发了群众的抗日热情。宣传队没有经费，我们一些同学典当出卖自己的衣物，把钱捐给宣传队。在兵荒马乱的年月，衣物不值钱，我把被褥衣物连皮箱一起送到芜湖当铺，老板看我是北平流亡学生的“面子”，给了我八元钱。

政训处和“战斗青年社”的头头们，利用在芜湖学员们分散居住、自由活动的机会以请客吃饭、看戏、看电影等手段，拉拢一些人参加他们的“战斗社”。在我党地下支部的领导下，一些进步同学在吃饭时，一边用筷子敲碗，一边高喊“战斗！战斗！”以讽刺他们，揭露他们的卑鄙伎俩，使他们发展反动组织的活动受到阻碍。

战训班移驻到江西南陵丫山镇，地址偏僻，消息闭塞。同学们既不知道前线的抗战形势，也不知道战训班要走向何处，产生了烦闷情绪。大家见了面，就谈论怎么办。为解除同学们的烦闷，刘玉柱同学写了一篇复写传阅文章，题目是《怎么办？》，其中介绍了外面来信中说的抗战情况，建议同学们多读些书，我们总有一天会走上抗日战场。文章写了半篇，同学们就拿去传阅。在传阅时，被政治教官发现，他们以为这是要鼓动学员闹事，就向班本部反映了，并建议要把几个主谋分子捉起来，押送南陵县监狱，以示镇压。政训处的教官和“青年战斗社”的头头们到了丫山，又秘密活动，用各种卑鄙手段，发展他们的“战斗社”，引起同学们的不满。

有一天，黄仲翔副主任来到战训班，就被学员们包围了。有的同学质问他：“战斗青年社”是干什么的？为什么有人暗地里拉拢同学参加这个不敢公开的“组织”？请把该“组织”的章程公布出来。有的学员当场站出来，揭露拉拢他参加“战斗社”的人用的卑鄙手段。女同学们向黄仲翔揭发了中队长戴某调戏一位女同学的流氓行为，并要求撤换戴某。同学们还揭露了司务长贪污伙食费，要求黄仲翔查处。同学们的质问和揭露，弄得黄仲翔哑口无言。他被迫宣布：撤掉戴的中队长职务；不准司务长管伙食；由学员推选伙食委员管理伙食。关于“战斗青年社”的问题，他说：查询后再作答复。

黄仲翔为表示关心学员，把我和刘玉柱同学叫到他的办公室。他表白说：我来丫山是为了看望训练班的全体同学，请你们两人来谈谈班里的情况。我说：来到丫山，消息闭塞，对抗战形势不了解，同学们有些烦闷情绪，希望早日分配到前线，参加抗战工作。刘玉柱同学说：我写了一篇文章，本想写完后，送给黄主任看看，再传阅。但是刚写了半篇，同学们就拿去传阅了。黄仲翔说：未经审查，就拿出去传阅，有些不妥，以后注意。刘玉柱接着说：有人秘密拉拢学员参加“战斗青年社”，班中是否有这个组织？如果有，请把该组织的章程公布出来；如果没有，也请黄主任向全体学员说明，以解学员之疑。黄仲翔在召集全体学员讲话时，不得不宣布：战训班没有“战斗青年社”这个组织。这样，就把“战斗青年社”打入了非法。至于政治教官提议捉人的问题，无形中被压下去了。

战训班转移到江西景德镇时，原定的三个月训练期限，行将满期。但战训班当局借口行军耽误了训练计划，要延长训练期限。学员们坚决反对，要求按期毕业，分配到前线工作。班当局不但不答应学员们的要求，反而企图用高压手段，先从女生队实现他们的阴谋。他们要强迫调走女生队，继续训练。女同学们不接受。班当局就把女生队的政治教官、炊事员和炊具统统撤走，想要用断绝伙食的手段，压服女生队。女同学们进行了坚决的斗争。她们组织起来，轮流站岗放哨，不允许无关人员进“斗姆阁”（女生队宿营地）；她们自己抬水，借用老百姓的炊具做饭，以维持生活，并派代表与战训班当局谈判，但没有达到要求。战训班还派人监视她们的行动。男同学们得知后，坚决支持女同学们的斗争。党支部书记刘野亮和我代表男生队到女生队慰问，一方面劝女同学们要适可而止，坚持到一定的地步，当局答应我们的要求就行了；另一方面，利用大队部与政训处的矛盾，由我去找大队长李炳昌交涉，争取他的支持。我向李大队长陈述了情况，并对李说：如果明天还不给女生队恢复伙食，男生队就要以实际行动支援女生队。李大队长说：要调出女生队继续训练的事我知道，给她们断绝了伙食供应的事我不知道。办事总要合乎“天理、国法、人情”，断绝了女生队的伙食供应，是不近人情的，明天一定给她们恢复伙食。第二天女生队的伙食果然恢复了。女生队坚持了七天的斗争，终于获得了胜利。我们在战训班的斗争策略是，利用大队部和政训处的矛盾，争取大队长李炳昌的同情，以挫败政训处和“战斗社”的反动活动。在与班当局交涉时，多半是由原南京平津同学会执行委员刘玉柱和我出面，而不由地下党领导人出面，以免暴露党领导人的身份。此次斗争的胜利，也是利用的这个策略。

在中国共产党的领导和影响下，南京青年战地服务训练班的同学毕业后，绝大多数都参加了党领导的抗战工作，继而参加了解放全国的斗争。他们为抗战的胜利，为全国的解放和建设社会主义，作出了积极的贡献。

6. 奔赴抗日战场

1938年1月上旬，我们100多名男学员被调出战训班。由景德镇乘小木船，沿昌江经鄱阳湖到南昌，转乘火车到九江，搭乘长江轮船到武汉。驻在由“日租界”山峙街的两幢日本人留下的楼房里，等待分配工作。

到武汉后，我们和八路军武汉办事处取得了联系，向我党长江局负责人博古同志汇报了情况，并研究了我们的去向问题。当时，南京已经沦陷，武汉成了战时首都，汇集有各方面的党政军要人和各地的流亡学生。“武汉平津流亡同学会”也成立了。原在北平搞一二·九运动的老战友杨学诚、姜纪常等人，已组织起了“武汉青年救国团”，总团部设在武昌三道街39号。这里成了北平学生联络站，我在此地遇到了老战友蒋南翔、何礼、杨蕴青、刘江陵、王蕙兰等人。刘江陵和我一同去看望了沈钧儒先生。

1938年春节（1月29日）后，战训班副主任黄仲翔说，要分配我们到河南第一战区工作。我找蒋南翔同志给我解决党的组织关系问题。他说：你先随着大队到河南，组织上可以把你的材料和要求转给河南省委。我问：到河南我去找谁接关系？蒋说：会有人找你。

1938年2月14日，我们由武汉乘火车北上，第二天（正月十五）到达第一战区司令长官司令部所在地——郑州。此地接近前线，天天有日本飞机轰炸；

马路上弹痕累累，被炸塌的房屋，比比皆是。但有店铺，为庆祝元宵佳节，仍然挂起了红灯笼。我和几位同学走进一家小吃店，吃了几个元宵，以充饥果腹；夜间住在城隍庙里，睡得也很香。

当时，程潜将军是第一战区司令长官兼河南省主席，我们从战训班来的100位同学，归第一战区司令长官司令部政训处领导。该处组织我们学习了两个星期。由司令长官程潜分别委派我们为民运指导员，分配我们到豫西和豫东29个县工作。我和共产党员王振鸿、刘野亮等40人，主动要求到接近抗战前线的豫东商丘地区12县工作。中心任务是：根据“人不离枪，枪不离乡”的原则，在各县组织民众抗日自卫队；聚集抗日力量，保卫战区安全，支援前线抗战，主要是支援徐州会战。1938年3月初，我们由郑州出发，分赴各县。

在出发之前，我党河南省委委员、八路军开封办事处主任刘子久同志找我谈话。他要我有事和他联系，到豫东的主要工作是抓武装。

3月中旬，40名民运指导员在宋克宾的带领下到了豫东。宋克宾把专员办公处设在商丘，我被分到了虞城。当时，豫东的土匪特别多，他们不但在民间恣意横行，而且打着抗日的幌子，到处拦扣公路上往徐州前线运送的子弹、给养。社会秩序十分混乱。看到这种局面，我们深感责任重大。加速组织民众武装，已是刻不容缓。于是，我们很快组织一部分人、枪，成立了民众抗日自卫队。

我们到达各县，国民党的县长和县党部书记长口头上欢迎我们，实际上反对我们，特别是反对我们抓武装。他们说：地方武装已由联保主任组成了联防队（一种限制共产党活动的组织），不需要再组织民众抗日自卫队了。长官部规定民运指导员的生活费，每人每月20元，由地方财政开支。他们借口“财政困难”，拖延支付，如此等等。我们将这些向程潜长官汇报了。为解决民运工作中出现的矛盾，程长官于4月中旬，在开封召开了有各县民运指导员、县长、县党部书记长参加的民运会议。程长官在讲话中指出：各县要将民运工作放在第一位，县长、县党部书记长要大力协助。如有妨碍民运工作者，应受严肃处理。会后，程潜将军以河南省主席的名义，撤掉了商丘地区的6名县长，要我们民运指导员推荐新县长。为争取抗战胜利，积极发动群众、武装群众，我推荐在冯玉祥部下当过团长的蔡洪范（虞城人）为虞城县长，以期利用他的影响动员广大群众。我的推荐获得程潜主席批准。

蔡洪范当县长后，对我们的工作非常支持。后来，我们吸收了一批回乡知识青年和小学教员作骨干，组织了一支强有力的民众抗日自卫队。虞城的民运工作开展得很顺利。

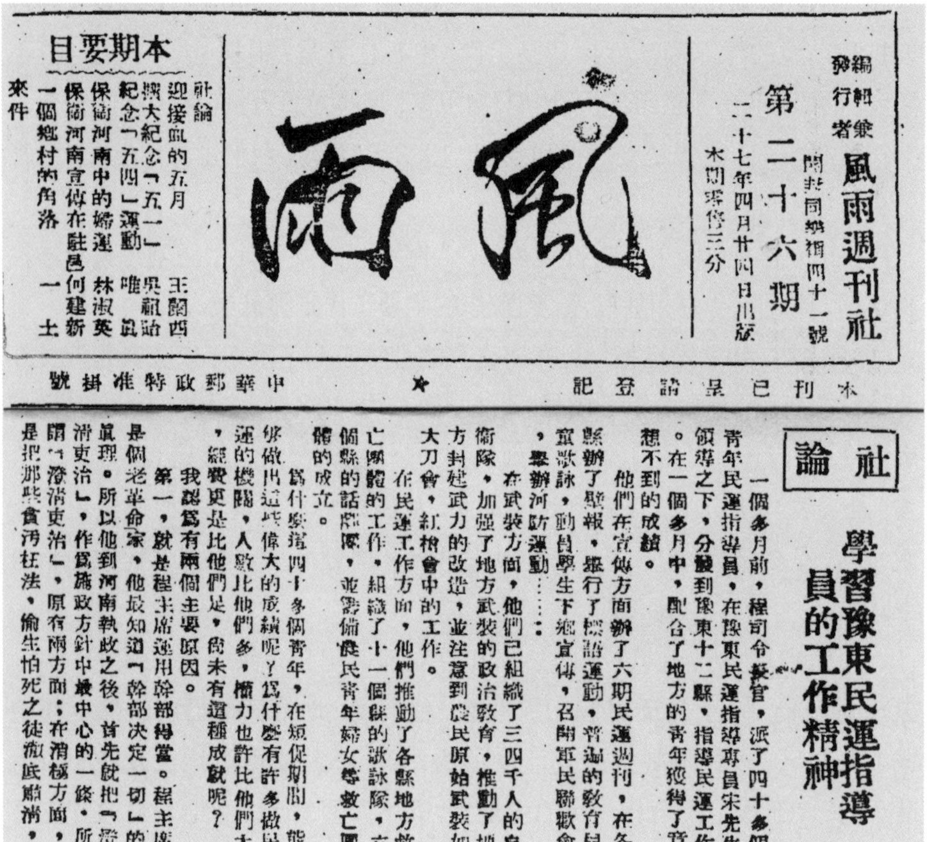
風雨週刊社
編輯兼發行者
開封同樂街四十一號
第二十六期
二十七年四月廿四日出版
本期零售三分

風雨

本期要目

社論 迎接血的五月 王闌西
擴大紀念「五一」 吳祖貽
紀念「五四」運動 唯[illegible]
保衛河南中的婦運 林淑英
保衛河南宣傳在駐邑 何建新
來件 一個鄉村的角落 一士

本刊已呈請登記 ★ 中華郵政特准掛號

社論

學習豫東民運指導員的工作精神

一個多月前，程司令長官，派了四十多個青年民運指導員，在豫東民運指導專員宋先生領導之下，分發到豫東十二縣，指導民運工作。在一個多月中，配合了地方的青年獲得了意想不到的成績。

他們在宣傳方面辦了六期民運週刊，在各縣辦了壁報，舉行了標語運動，普遍的教育兒童歌詠，動員學生下鄉宣傳，召開軍民聯歡會，舉辦河防運動……

在武裝方面，他們已組織了三四千人的自衛隊，加強了地方武裝的政治教育，推動了地方封建武力的改造，並注意到農民原始武裝如大刀會，紅槍會中的工作。

在民運工作方面，他們推動了各縣地方救亡團體的工作，組織了十一個縣的歌詠隊，六個縣的話劇隊，並籌備農民青年婦女等救亡團體的成立。

為什麼這四十多個青年，在短促期間，能夠做出這些偉大的成績呢？為什麼有許多做民運的機關，人數比他們多，權力也許比他們大，經費更是比他們足，尚未有這種成就呢？

我認為有兩個主要原因。

第一，就是程主席運用幹部得當。程主席是個老革命家，他最知道「幹部決定一切」的真理。所以他到河南執政之後，首先就把「澄清吏治」，作為施政方針中最中心的一條。所謂「澄清吏治」，原有兩方面；在消極方面，是把那些貪污枉法，偷生怕死之徒徹底肅清，

1938年4月24日《风雨》发表社论《学习豫东民运指导员的工作精神》

1938年4月24日，中共河南省委机关刊物《风雨》（开封沦落前夕被迫停刊）第26期发表社论《学习豫东民运指导员的工作精神》，表彰豫东民运办事处，对包括葛佩琦在内的豫东民运指导员的工作表示肯定。

7. 组织豫东抗日游击司令部开展游击战，加入中国共产党

1938年5月24日，徐州失守，国民党部队败退。为拦阻日军西进，蒋介石命令第一战区司令长官部炸毁花园口黄河大堤。郑州东南40余县被一泻千里的黄河水淹没，数以万计的老百姓被困在看不见尽头的黄泛区，有的妻离子散、家破人亡，一片凄惨景象。

炸堤之前，国民党西撤部队途经豫东时，各县党部书记长和县长随军而去，民运指导员也纷纷撤走。宋克宾离开了商丘，到了柘城，我和蔡洪范仍在虞城。

5月26日，国民党的一个团进驻虞城县城扬言要抗击日军、固守虞城。开会时，该团刘团长向县长蔡洪范要木料、粮食等，蔡无力承办，不敢应诺。我建议说："要保证木材和粮食的供应，县政府必须移到城外办公。"刘团长接受了我的建议，我和蔡洪范便带着县政府的全班人马离城而去。临出发时，征得蔡洪范的同意，我让狱吏打开牢门，释放了全部在押犯人。我对犯人讲了话，晓以抗日救国大义。侦缉队长高国昌不同意，说："我们费了九牛二虎之力才把他们捉进来，就这么放掉，以后怎么办案？"我说："他们是犯人，可也是中国人。放掉他们，对抗战有利。"（其中的一个犯人袁天柱，后来成为抗日游击队的支队司令。）

出城后向西去，到了贾寨附近。我们正走着，忽见日军的气球腾空升起，接着，炮弹在西撤的国民党队伍里爆炸，死伤不少人。追击的日军过后，我们捡到两门迫击炮，转向东北。到了李新集寨前，遭到地主武装的枪击。我们边还击边前进，把他们压了下去。进了寨子，地主已跑，高国昌要追，被我劝阻。当天，我们就在地主家住了下来。不久，我们得知，驻守县城的刘团于5月27日拂晓被日军击溃，虞城沦陷。

李新集是个大村子，有两家姓石的大地主。地主家的财产很多，院子也很大。因这里较偏僻，不易被日军骚扰，我们便决定在此安营扎寨，扩展武装力量，与日军打游击。

在李新集住下后，我们开了一个会，决定成立豫东抗日游击司令部，统一发动和指挥豫东地方抗日武装。豫东抗日游击司令部由蔡洪范任司令，我任

政训处长，刘国华（沁阳人）任参谋长，李得时（南阳人，后在夏邑抗日时牺牲）任副官长，程峻岭（城里私人诊所的医生）任医务处长，屠跃南任军需处长。侦缉队编为一个大队，高国昌任大队长；警察队编为一个大队，陈宝璋任大队长，民众抗日自卫队编为一个大队，王少利任大队长。同时，收编了很多地方武装和一部分爱国青年，队伍渐渐壮大。6月初，我们反攻虞城县城。首战告捷，士气大振。之后，我们以“豫东抗日游击司令部”的名义，发布安民告示，号召：“有人出人，有枪出枪，军民团结，消灭敌人。只有赶走日本鬼子，人民才能安居乐业。”

队伍的壮大，带来了枪支、给养、被服、财政等方面的严重困难。为解决困难，我们想尽了一切办法。爱动脑筋的副官长李得时，从一个曾给姓石的地主当过管家的人那里得知，地主家有很多钱财，埋在地下，如挖掘出来，能解决大问题。我们十分高兴。经他指点，副官长李得时带着几个士兵，从地主草园里的三个大草垛底下，挖出很多铜板，又在正房门前的台阶下，挖出七八个大坛子。其中有一坛子银元宝，每个元宝重40两，其余坛子装满了银元。我们把铜板装在筐里过秤，分给各连队作菜金，把元宝拿到单县卖掉，给士兵做了1000多套军装，印了一些宣传品和空白委任状，买了一些办公用品。同时，用银元收买了一些国民党军队溃败时留下来的枪支、子弹。我们又把地主的粮仓打开，把粮食分给附近的穷苦百姓。自此，豫东抗日游击司令部名声大振。

名声一出去，豫东各县的民众抗日自卫队都派人来找我联系，要求收编。只要他们说对该县民运指导员的名字，我就给他们编个番号，每100人左右编为一个中队，500人左右编为一个大队，指定地点集合、点编。他们临走时，我对各县的接头人说：“回去转告各队员，不许伤害国民党部队的溃散士兵，要想办法收留他们的枪支。留枪时，要说好话，要给他们打收条，给他们点钱作为路费。收枪花的钱，可以来司令部报销。”很快，部队发展到几千人。

6月10日左右，宋克宾听说蔡洪范在虞城搞起了武装。6月中旬，他们带着仅有十几支手枪和百十支步枪的人马由柘城来到虞城，在空空的县城里驻了下来。商丘日军闻讯，前去围击，把宋克宾和宋子刚等人堵在了城里。因情况突然，宋子刚爬到梁头上藏了起来，宋克宾从北门逃出，跑到了李新集。我和蔡洪范立即决定：派部队增援虞城，营救宋子刚。为免遭日军袭击，我们马上集合全部人马，迅速出发，离开了李新集。先头部队未到县城，日军已闻风撤退。

在县城外面，我们的部队和宋克宾的部队会师。我和宋克宾、蔡洪范、宋子刚开了个会，决定将游击司令部转移到铁路以南，以便和后方联系。我们当即带队南下，并收编了一些地方武装，部队增加到五六千人。在蔡洪范的推让和我们的举荐下，宋克宾当了司令，我仍任政训处长。这支抗日游击队是当时活动在黄泛区以东的唯一的一支抗日武装。

当时商丘地区的政治形势是：国民党政权已经垮台、敌伪政权尚未建立，各县的土豪劣绅准备组织“维持会”，欢迎“皇军”。我用“武装请客”的方式把那些土豪劣绅请到司令部，把他们制作的“欢迎皇军”的旗子亮出来，并问他们：你们是中国人，还是日本人？他们都说：是中国人。我说：你们既然是中国人，为什么要欢迎“皇军”呢？他们无言可答，有些害怕，怕我把他们作为汉奸处理。我一转口气说：你们既然是中国人，事情就好办了。第一，不准你们借用日本人的势力坑害老百姓；第二，不准把游击队的活动情况报告日本人；第三，要求你们能把日军的活动情况随时报告游击队。他们都同意以上三个条件。我请他们吃了饭，喝了酒，送他们回去了。用这样统一战线的策略对待土豪劣绅，为游击队的活动减少了阻力。在工农群众的配合下，我们打了几个胜仗，拔除了日军在陇海铁路线上的几个防护据点，收复了两座被日军侵占的县城，得到一批战利品，主要是炮弹、机枪、军刀、电话机等等。

6月下旬，我们派秘书李洪同志（地下党员）赴洛阳，向第一战区长官部汇报情况。同时，我让他和我党河南省委取得联系，并让他向刘子久同志转达我的入党申请。7月上旬，我们接到由淮阳地区行政专员转来的程潜长官的电报，要我和宋克宾火速赴洛阳，我们两人带着几个卫兵和一部分战利品，坐着小木船，经过60里路宽的黄泛区，到达了周家口（现在的周口市），日夜兼程到漯河，转乘火车经郑州到洛阳。到洛阳后，长官部政训处长李世璋领着我和宋克宾去见程潜长官，汇报了我们的工作情况，受到了程潜长官的鼓励和表扬。接着，政训处为我们开了欢迎会。会上，李世璋表扬说：“我们派了40名民运指导员去豫东工作，仅有葛佩琦一人留在那里坚持下来，并做出了成绩，大家要向他学习。”我们举办了战利品展览，洛阳各报纸报道了我们在豫东的抗战情况。

有一天晚上，李洪同志陪同刘子久同志来到我住的旅馆。刘子久同志正式对我宣布：“组织上已经正式批准你的入党申请，由于你是老民先队员，免除候补期，直接转为正式党员。”自一二·九以来，我争取入党的愿望，终于实现了，我感到无比荣幸！我决心为革命事业奋斗终生。我向刘子久同志汇报了我见程长官的情况，并说明长官司令部和河南省政府拟将“豫东抗日游击司令部”改为“豫东保安司令部”，由宋克宾担任豫东地区行政专员兼保安司令，我仍担任政训处长。刘子久同志表示同意。为避免意外，刘子久同志和李洪很快就离去了。当时刘子久同志的职务是河南省委委员、豫西特委书记，公开身份是八路军洛阳办事处主任。在离开洛阳之前，我去看望刘子久同志，他交给我一个任务：“做好宋克宾和官兵的统一战线工作。为新四军彭雪枫同志率队进驻豫东，建立抗日根据地，创造条件。”刘子久同志写了一封介绍信，要我交给雪枫同志。

刘子久

第一战区长官部发给我们步枪子弹20万粒、手枪子弹1万粒、电台两部、法币5万元。我和宋克宾带着这批军用物资回到豫东之后，有许多股自动成立的地方武装要求收编，部队很快就扩大了。按游击队的编制，整编为三个纵队，第一纵队司令魏凤楼兼鹿邑县长；第二纵队司令宋子刚兼虞城县长；第三纵队司令蔡洪范兼永城县长。共有1.5万多人，成为豫东一支最大的抗日游击队。

1938年初冬，彭雪枫同志率领新四军游击支队从确山竹沟镇到了鹿邑县，驻在王皮留村，我立即去联系。雪枫同志外出，未见。看到他的士兵还穿着单衣，我回到部队后向宋克宾提出建议，要援助他们。宋克宾同意我的建议，拨给彭雪枫部棉军衣300套。后来，彭部转移到鹿邑城东的太清宫（老子的故乡）。在那里，我同彭雪枫同志取得了联系，把刘子久同志写给他的信交给了他，并向他汇报了豫东地区的抗战形势。他表扬了我，要我继续做好统战工作，有事和他直接联系。1939年春，彭雪枫同志率部进到永城县境，在与日军作战时牺牲了几位战士。在永城县书案店为牺牲的战士开追悼会，我代表豫东专员公署和保安司令部前往参加。大会上，我发表了“抗日烈士功在国家”的演讲。会后，彭雪枫同志约我单独谈话。交谈中，我向雪枫同志说明了宋克宾部将要改编、调离的情况，要求调到新四军工作。他说：为了发展抗日民族统一战线工作，你留在宋克宾部，比调到新四军会起更大的作用。

1938年9月27日，新四军游击支队在河南确山县竹沟镇正式成立。彭雪枫任司令员兼政治委员

8. 豫东抗日游击队改编为暂编第二军

1939年春，程潜将军调任国民党军事委员会委员长天水行营主任，行营设在西安。由卫立煌接任第一战区司令长官兼河南省主席。国民党官场的习惯是“一朝天子，一朝臣”。卫立煌撤了宋克宾的豫东专员兼保安司令职务。对此应如何应付，我们犹豫不决。要么执行命令，宋克宾让位，交出部队；要么不执行命令，与卫立煌对着干。但是，我们考虑，执行命令，辛辛苦苦组织起来的抗日武装要丢掉；不执行命令，事情要闹大，后果不堪设想。经过讨论，我们决定“交印不交枪”。宋克宾把专员公署和保安司令部的两颗印交出了，但没有交出我们原来组织的豫东抗日游击队。

后来，由于宋克宾、蔡洪范、宋子刚在西北军时，是时任河北省主席鹿钟麟的部下，他们三人便联名向程潜将军发电报，要求给编个番号，去河北鹿钟麟处与日军打游击。在程潜将军支持下，将原来的游击队改编为国民党暂编第二军，调河北省抗日。宋克宾任军长，我任政治部主任。我们将部队改编为三个师，于1939年5月，开到河北大名地区。在此休整了不久，继续前进。在大名、南宫之间，遭到日军"扫荡"。由于人地生疏，武器悬殊，部队受到惨重损失。我们将部队撤到大名以北的草帽辛庄一带。士气低落，军心动摇。当天晚上，在军部召开军事会议，讨论部队的出路问题。有位师长提议，部队仍回豫东。他说：这个部队的士兵绝大多数是豫东人；回到豫东，如果遇到日军"扫荡"，能打就打；不能打，就扛着枪回家；三天之内，就又可以集合起来；离开豫东，就没有这个优越条件，这是此次遭受到惨重损失的主要原因之一。豫东籍的军官赞成这一主张。军长问我有什么意见？我说：回豫东没出路，因为我们原驻的防区，已被河南省保安队接收了，豫东靠陇海铁路的地带，已被汉奸部队控制了，豫东已经没有我们立足之地。军长插话说：张岚峰（汉奸军长）是同乡，也是西北军（冯玉祥部）的同事，不至于不让我们吃碗饭。我又说：即使他能给碗饭吃，也不能投靠他。我主张将部队调回大名地区休整，设法打电报（我们的电台丢了）给天水行营主任程潜，请求办法。军长又插话说：远水不解近渴。散会时已经深夜，军长留我住在军部，但我翻来覆去睡不着觉。我根据会上的情况分析，部队很可能回豫东；回到豫东的唯一"出路"就是当汉奸。我当即想到我是共产党员，我绝不能被他们裹挟去当汉奸，我决定马上离开军营，另找出路。天还不亮，我就带上手枪，走出军部。为避免泄露机密，我没有回政治部取衣物。我一直向寨门走去。寨门尚未开启，我就上了寨墙，从一个小豁口，跳出寨外，到了我熟悉的一个营部。这个营的营长叫张绍光，是我做民运工作时联系的一位小学教员，他年轻热情，有抗日救国的决心。我向他介绍了昨晚军事会议的情况，并说：我看宋克宾有带着部队回豫东当汉奸的企图，我不能与他同流合污，我要到西安去见程潜主任。张营长一拍桌子说：葛主任，老宋（指军长）当汉奸，我也不干了，我有一辆新买的德国大飞轮自行车，你骑着上西安去吧。我说：好！我把手枪交给张营长，就骑上了自行车，开始了新的行程。

第一站我到了大名地区专员公署，专员丁树本知道我的情况后，送给我路费50元。为了便于通过敌伪控制区，我脱下了军装，换上了便衣（新买的）。第二天我到了陇海铁路刘堤圈车站以北的一个农村，找到一位我打游击时认识的农民，他在夜间送我穿过日军沿铁路修筑的封锁线。过了铁路，我就奔向新四军彭雪枫部原驻的永城县书案店。到达之后，才知道彭雪枫同志已经率部东进，书案店有该部留守处。该处的负责同志告诉我说：吴芝圃副司令还住在附近的一个村庄，今晚也要出发。经过联系，吴芝圃同志骑马来到留守处。我向他汇报了情况之后，并问：我是否可以把宋克宾部的一部分部队，拉到永城来与新四军合作抗战？芝圃同志说：这与抗日民族统一战线政策不合。他要我赶快到西安，找程潜主任，设法使宋部不当汉奸，并说：如果宋部真正投降了敌人，当了汉奸，你就利用程潜的关系，留在天水行营工作，长期埋伏，等待时机。吴芝圃同志当晚率队出发了，次晨我也离开了书案店。

新四军游击支队副司令员吴芝圃

原在商丘、永城、亳县（华陀、曹操的故乡）边区的抗日部队，蔡洪范纵队开赴河北，彭雪枫支队东进了。这一地区成了真空地带。商丘、永城的日寇、汉奸常来骚扰，并建立起了一些村级的汉奸组织。我从书案店到龙岗集，就遇到汉奸组织的盘查。为安全起见，我到龙岗集（我在这里驻过防）附近，找到一位和青红帮有联系的王先生。我向他说明了来意。他说他可以保证我的安全，但不能向西走，因为亳县已经驻上了汉奸部队；而要向南走，到安徽省蒙城县（庄子的故乡）之后，再向西走。王先生留我在他家住了一天，他就通过青红帮的关系，把我送到蒙城。在这里见到一位青帮的老师傅，他50多岁，梳着莲蓬头，留着连鬓胡子，热情好客，他一定要留我住三天。我住了一天就告辞了。从蒙城到了界首（现在的安徽省界首县）。当时这里还是一个过路店，房子是用高粱秆搭起来的，但堆满了很多从日本统治区来的商品。很多从洛阳、西安以至重庆来的商人，到此地采购货物。我在界首住了一夜，第二天就骑自行车奔洛阳去了。有一天下午，我骑到距许昌城还有20多里的地方，遇到天下大雨。自行车的两个轮子沾满了黄泥，推也推不动。我提起车把向地上一摔，本想摔掉前轮子上的泥，结果把前叉子摔断了。天色将黑，雨还在下，前无村，后无店，让我怎么办呢？我扛起自行车，蹚着泥水，走到距马路约4里远的一家农户门口。我敲了敲门，出来一位老大妈。我说：我是过路人，自行车坏了，天快黑了，在你们家借个宿，可以吗？老大妈热情地把我让进屋，要我把自行车放到她的灶房里。我向她简单说了我的情况后，老大妈一面给我做饭，一面让她女儿给我洗衣服。从谈话中，我得知老大妈的丈夫和儿子，都被迫给洛阳送军粮去了，家中只剩下她母女二人，三间北房，老大妈住在东一间，她女儿住在西一间。吃过晚饭，老大妈让女儿搬到东一间，和她一块睡；让我睡到西一间，我有些不好意思去。老大妈端起一盏小油灯，领我到了西一间，并说：你就在这里睡吧，你是打鬼子回来的，没有关系。第二天早晨临别时，我留给大妈两元钱，大妈无论如何也不收。她说：你以后路过此地时，一定到我们家里来。姑娘站在门口笑了笑，欲言又止。

我扛着自行车，走了25里地，到了许昌县城，换上一个前叉子，我又骑着自行车前进了。从许昌到洛阳要经过几座山。上山时要推着自行车走，每上一座山，就出一身大汗。山高路难行，但是送军粮（小麦）的牛车还是络绎不绝。车是用木头制造的，车的前头当中有一条约三米长的轩杆，轩杆的前头固定着一条约一米长的横木棍。两头牛套在轩杆的两边，那条横木棍，正好压在两头牛的脖子上。那条横木棍叫作“牛轭”。从此我才了解到平面几何中所说的“共轭备”的来源。牛车上山固然困难，下山也不容易。下陡坡时，如果刹不住车，就会轧伤牛和人。一路上我好几次看到这种事故。

到了洛阳，我先去找刘子久同志，他出差了，没有见到。我开始奔西安，我想可以坐火车去西安，哪知洛阳到西安的铁路，早已被黄河北岸日军的炮火破坏了。我仍然要靠自行车，通过这段艰险的路程。从洛阳到灵宝还很顺利。灵宝西门外就是函谷关，当年老子骑青牛从此经过。老子骑青牛，可以爬高山；我骑自行车，就很难爬了。于是我推着自行车，钻进了函谷关的山洞（铁路涵洞），阴风凄凄，一片黑暗，伸手不见五指。我让自行车的轮子挨着铁轨的内侧，我沿着铁轨的外侧，摸索前进。出了洞口，顿时感到空气新鲜，大地明亮。我又骑上自行车，沿着铁路边前进。高山深谷，行人很少。绕过一座高山，遇到一座铁桥，靠北面的桥墩，已被日军炮火打坏，但整个桥架还未陷落。我踏着铁桥的横梁过了桥。回头一看，我有些后怕，万一失足，就有坠入深谷大河牺牲性命的危险。前进中又遇到一座铁路桥，使我为难了。因为这座桥已被日军全部打断了；桥下是一条河，流水滚滚。我坐在河边的石头上，不知所措。后面来了一位樵夫，他问我：你要过河吗？我说：是，但我不知河水深浅，不敢过。他说：水不深，来吧！他给我扛着自行车，我拉着他的胳膊，水深齐胸，过了河，我送给他五角钱，请他买烟吸。他无论如何也不要。经过几天的奋斗，我穿过灵宝以西陇海铁路上的所有涵洞和铁桥，到了潼关。我毫不犹豫地推着自行车进了潼关山洞（铁路涵洞）。越走越黑，忽然听到火车轰鸣，感到铁轨震动，我以为来了火车，就把自行车靠在洞壁，人卧在地上。但火车没有开进涵洞。因为那是由西安到潼关的火车，在潼关西门外的火车站就停了。虽然如此，我也不敢再穿涵洞前进了。于是我退出了潼关涵洞。涵洞外面，一边是黄河，一边是高山。潼关城东门在高坡上，要进潼关城，就得爬高坡。那个高坡很陡，推着自行车，难以爬上去，我把车后架上的绳子解下，拴在车把上，把绳子的另一头拴在腰间。我爬上四五尺，就利用绳子把车拽上来，再爬再拽，不久我就爬到了潼关城东门。放眼了望，豁然开朗。北有黄河，西有渭水，东南高山，郁郁葱葱。潼关城东门上刻着“天下第一关”五个大字，使我增长了见识。过去我只知道山海关是“天下第一关”，现在看到潼关也是“天下第一关”，我愈感到祖国疆域广大，关山险要。潼关东门旁边，立有一幢高大的石碑，上面刻着“豫秦交界”。我联想到：当年秦始皇富国强兵，出潼关，灭六国，而统一天下。今天我们被一个日本，由山海关打到潼关，是可忍，孰不可忍！我正在抚今思昔，穷目山河。突然日军从风陵渡向潼关打来几炮，炮弹落处，尘土飞扬，我被溅了一身土；有惊无伤，亦云幸矣！

我推起自行车，进到潼关城内，满目凄凉，破屋断垣，到处可见。这是日军用飞机大炮轰击潼关遗留的痕迹。街上一片瓦砾，行人稀少，市面萧条，除有几家卖潼关酱油的小铺外，其他商店很少。火车虽然可以开到潼关，但潼关车站不卖客票。我找到一家小饭铺，吃了两碗刀削面，就骑上自行车奔华阴。

在华阴车站住了一夜，第二天坐火车赴西安。

西安市面，商业繁荣，生意兴隆，来往行人，熙熙攘攘。除日本飞机常来空袭外，看不出什么战时景象。我找到一家旅馆，作为栖身之地。第二天上午我到天水行营，找到我认识的一位参谋。他介绍我见了参谋处长，处长打电话给程潜主任说：葛佩琦回来了。主任说：要他马上来见我。我到了程主任办公室，他正在批阅文件，挥手让我坐下。我向他汇报了部队开到河北，遭到日军“扫荡”后的情况，并说：我看宋克宾有投降日本当汉奸的企图，所以我不辞而别，跑回来了。程主任说：我接到前方电报，宋克宾已经叛国投敌，当了汉奸。程主任并说：那个部队是你当民运指导员时组织起来的，你有办法把那个部队拉回来没有？我说：有。因为这支部队的中下级军官大部分是我做民运指导员期间发动起来的，我同他们有密切的关系。程主任拿起笔来写了一张便条：“发给葛佩琦慰劳金三百元。”并说：你去换换衣服（当时我穿的是一套满是泥土的紫花布裤褂），到参谋处休息，看看策反文件，听候命令。

9. 深入日本统治区策动汉奸部队反正

我在参谋处待了一个多月，看了策动汉奸部队反正的有关文件，了解到驻豫东日伪军的番号、主官姓名、部署、装备、兵力等。8月中旬，参谋处长转来程潜主任的派令，派我为“天水行营豫东特派员”，任务是策动汉奸部队反正。接着，参谋长找我谈话。他说：“宋克宾叛国投敌，程主任极为愤怒。你奉命东去，任务重大，要小心谨慎，艰苦工作，完成任务。有何困难，可以告我，必要时，我可以电令前方部队支援你。”

接到命令之后，我准备出发。行营给我派了三名联络参谋和一部电台（即一个通信班）。9月初，我们由西安出发，经兰田、南阳、周家口等地，到了界首。为便于工作，我把电台安装在黄泛区以北的鹿邑县秋渠集，我也住在此地。当时，何柱国将军担任国民党骑兵第二军军长，驻扎沈丘，防守豫东。我根据对日军坚决打击、对伪军分化瓦解、对友军执行抗日民族统一战线的政策，到沈丘拜访何军长。他热情的接待了我，当我谈到我来豫东的任务是策反伪军时，他向我介绍了豫东伪军的情况，并表示尽力支持我完成任务。

为弄清汉奸部队的情况，我把三名联络参谋分别派到开封、商丘、徐州；我自己也化装进入商丘城。经过侦察，我了解到宋克宾投敌后，编为伪和平救国军第一军第三师。宋任师长，蔡洪范任副师长，部队驻在商丘以东30里的马牧集。我还了解到，我打游击时编的游击第六支队袁天柱部，未去河北，也投敌了，编为伪和平救国军第一军独立团，驻在商丘以南的马头集。袁天柱的青帮师傅祁虞琴，是我的老朋友，现任国民党夏邑县县长，常来秋渠集专员公署办事。根据“突破一点、逐步推进”的工作方法，我决定：我的策反工作，先从有条件、容易成功的袁天柱部开始。要策反袁天柱，必须先说服祁虞琴。

祁虞琴是我们组织豫东抗日游击时的第一支队长，他曾率队拔除过日军的刘堤圈据点。有一次他来秋渠集办事，我请他到我的办事处吃饭时，我故意地说：我们一同打游击的人，有些人当了汉奸，而你一尘不染，坚持抗战，真是爱国志士啊。他说：我祁虞琴是中国人，就是刀按在脖子上，我也不会投降日本，不会当汉奸。我说：好！好！你现在是夏邑县县长，你不但要独善其身，而且要兼善及人；你的大徒弟袁天柱率部当了汉奸，就驻在商丘、夏邑交界的地方，你应设法把他拉过来。祁虞琴说：天柱现在有2000多人枪，我这个县政府范围小，容纳不了他。我说：你只要能把袁天柱拉过来，我可以申请天水行营，给他编个新番号，职位绝不会比现在低。祁虞琴惊异地说：真的吗？我说：这是关乎抗战救国的大事，我还能说假话嘛！我把天水行营给我下达的策反伪军的命令和汉奸反正奖励办法给他看了。祁虞琴拍了拍我的肩膀说：“佩琦，我一定设法完成这个任务。”

过了一个月左右，祁县长来我处说：他见到了袁天柱，谈了反正的问题，经过几次磋商，袁天柱表示，完全相信葛处长（打游击时的称呼），但有些具体问题，需要当面研究，袁天柱希望和你谈谈。我说：可以。过了几天，我换上便衣，和祁县长一同骑自行车出发，到了夏邑县境的一个农村（敌伪统治区）。晚上，袁天柱来了，老朋友见面，他表示很亲切。他提出三条要求：（一）给他什么名义都可以，但编制不能小于团级，因为编制小了，人事不好安置；（二）反正后，不要调离豫东，因为官兵大多数是豫东人；（三）发动反正时必须有国军（指抗战部队）掩护，以防日军追击。我说：这三条保证可以办到。袁天柱当夜就回去了。次晨我到夏邑县政府所在地，住了两天。祁县长和我初步商量了反正的行动计划。

回到秋渠集，我将袁天柱提的三条要求，电告天水行营。第三天接到程潜主任的复电：第一和第二两条照准，第二条已电令何柱国军长届时派兵掩护。一方面，我派专人把这个电报送给祁县长，请他转给袁天柱，并请袁天柱决定一个发动反正的准确时间，派专人来秋渠集告知我。另一方面，我到沈丘与何柱国联系。何军长说：已经接到程主任的电报，决定派驻鹿邑县白马驿的徐春芳团长，届时率骑兵前往掩护。他写了一封信，要我带交徐团长。我回秋渠集后约10天，袁天柱派一名参谋送来了发动反正的准确时间，我拿着何军长的信去见徐团长，并把袁天柱部现在的驻地，发动反正的时间，反正后到达的集合地点，告诉了徐团长。他说：我一定按命令执行任务。返回秋渠集后，我写了一封信，把徐团长率骑兵前往掩护，反正后的集合地点，通过前线时的“口令”，告诉了袁天柱，并要他发动后，立刻派专人骑自行车来通知我。我把信交给了袁天柱派来的参谋，要求他火速回去，把信交袁“团长”亲启，不得有误。

在袁天柱发动反正的前一天我接到祁虞琴派专人送来的信。其中说：袁天柱决定按原定时间发动，务必做好一切准备工作。接信后，我立即把我下达给袁天柱通过前线的“口令”，告诉了驻秋渠集的豫东专员兼保安司令王瘦吾，请他转达前线部队，以免发生误会。

1940年2月7日夜（农历除夕），袁天柱率部反正，胜利地开到我指定的集合地点（秋渠集以北的某村）。我立即发电报给天水行营程潜主任。不久接到程主任复电：“派袁天柱为第一区游击第二十八支队司令”，并电令表扬全体官兵的爱国行动，发给他们大笔奖金。我也得到程潜主任的表扬和奖励。

下面来谈谈我策动宋克宾部反正的情况。

1939年冬，我托人带一封信给伪和平救国军第一军第三师副师长蔡洪范，劝他早日率部反正。他派人送给我一封回信。其中说：他绝不甘心当汉奸，但目前有种种困难，不能发动反正。

蔡洪范听说袁天柱部反正，是经我手办的。他于1940年4月，派人来秋渠集，接我到他的老家虞城县谈谈。我在动身之前，先到沈丘县和何柱国军长见了面。当我把蔡洪范派人来接我的消息告诉他时，何柱国也把他正在策反伪和平救国军一军的其他两个师长（曹大中、李忠毅）的情况告诉了我。他并说：最好能使三个伪师长同时发动反正。

我回到秋渠集之后就随着蔡洪范派来的人北上，通过日军沿陇海铁路布置的封锁线，到达了虞城县。蔡洪范和我一见面，就开玩笑说：在河北你跑了，没有跟着我们来当汉奸；今天把你扣在这里当汉奸。我说：是你把我扣在这里当汉奸，还是我把你拉过去抗战？走着看吧！他笑了。蔡洪范说：这次是子贤（宋克宾的字）要我请你来的，怕被日本特务发现，才请你来我家谈谈。他接着说：子贤和我都不甘心当汉奸，因为在河北遭到日军“扫荡”，损失惨重，士兵思乡心切，才回豫东当了汉奸。你给想想办法，我保证把部队带回抗日战场。我说：子贤能同意吗？蔡洪范说：子贤是同意拉过去的，但他有两点顾虑：（一）他是程潜将军提拔起来的，半路当了汉奸，他怕拉过去之后，程潜不信任他，不让他带兵了；（二）第三师驻在马牧集，距商丘日军只有30里，距抗日部队有200里，如果发动反正，他怕被日军追击消灭。我说：《策反条例》规定，对反正部队不撤换主官，不抽调士兵，你们拉过去，子贤仍可以当师长。现今在前线的抗战部队，是何柱国的骑兵第二军，如果你们发动反正，我可以与何军长联系，派骑兵掩护你们。最后，我对蔡洪范说：请你转告子贤，要反正，就快下决心。否则，恐怕要落到别人后边了。但我没有告诉他关于曹大中、李忠毅的情况。我和蔡洪范约定通信联络办法，就告别了。

回到秋渠集，我把上述情况，电告了天水行营，程主任复电说：转告宋、蔡，打消顾虑，及早发动，有功者奖。我派专人把这个电报送给了蔡洪范。7月上旬，我接到蔡洪范派专人送来的信。其中说：南调工作已准备好，接程主任命令，即可行动。我急电转报给天水行营。程潜主任复电说：策反工作可与何柱国军长合作进行，已电何知照。接电报后，我思想上有点波动。我专程赴洛阳，将上述情况向刘子久同志汇报了，并征求他的意见。刘子久同志说：你与何柱国合作策动汉奸部队反正，符合抗日民族统一战线政策，有利于抗战；你要把宋克宾拉到新四军去的想法，难以成功。

我从洛阳回来，就到沈丘去见了何柱国，把我策动宋克宾师反正工作的情况告诉了他。他说：策动曹大中、李忠毅两个师反正的工作，也很顺利。他准备把三个伪军师的情况，一同报给军事委员会（指国民党军委会），为他们报请番号和编制。他说：军委会已来电指示，曹大中、李忠毅、宋克宾率部反正后，合编为新七军，他们三人仍担任师长。我和何柱国研究决定了发动三个伪军师同时反正的计划，由何柱国统一指挥。1940年10月下旬的一天，三个伪军师同时发动反正，开到了指定的集合地点。我们策动豫东伪军大反正的计划，胜利地完成了！狠狠地削弱了日本在豫东的统治力量。

10. 为抗战救灾查勘黄泛区

什么是黄泛区呢？1938年5月，中国军队在中日徐州会战中失败。出于单纯军事方面的考虑，国民党统帅部决定：在郑州以东的花园口，用重炮轰击黄河大堤，造成人为的决口。黄水滚滚外泄，泛滥在河南、安徽之间的大地上，人们把这个黄水泛滥的区域叫作黄泛区。它长约800里，宽的地方达60里。

1940年冬，程潜调重庆工作。天水行营改为国民党军事委员会西安办公厅。该厅主任先是熊斌，后是蒋鼎文。我仍埋伏在该厅，担任参议名义。1941年夏天，我代表该厅参加黄泛查勘团。这个机构是由西安办公厅、黄河水利委员会、第一和第五两个战区长官司令部、河南和安徽两个省政府派代表组织成的。黄河水利委员会的代表担任主任，我担任副主任。团本部设在河南省周家口。任务是查清黄泛区的水情、灾情，以利于部署抗战工作和救灾工作。

1941年秋初，我们勘查团的成员和几位技术人员，由周家口乘帆船出发，沿黄泛西岸逆流而上，经过几天，到达新郑县。一路看到黄泛西岸没有固定的边沿。水大时，可以西进10多里，淹没良田，浸塌房屋。农民为防止洪水西流，虽然筑有土坝，但断断续续，不相衔接，高低不平，不能防止大水漫灌。新郑以北，渐近口门，水流湍急，帆船逆流而上，行进太慢。我们便从陆路步行到郑州。原计划到花园口，勘查口门，测量流速、流量。河防部队告诉我们花园口在日军炮火控制下，不能前去。我们在离口门20多里外，听到滚滚黄水在咆哮。黄河在怒吼：打倒日本野心狼，还我大好河山！

我们回到新郑，坐上木船，进入黄泛区，顺流而下，看到许多村镇被黄水包围，成了孤岛。村民大部分外出逃荒；剩下的一些老弱病残，以草根树皮充饥，生活十分可怜！我们勘查到逊母口，船从北寨门进入，从南寨门开出，一条

黄泛区灾民无家可归、颠沛流离的悲惨景象

南北大街，被黄水冲刷成大河。我们勘查到淮阳以北，船在高粱穗上前进。我伸手拔起一个高粱穗，看到已经接近成熟。快到了口边的粮食，又被黄水吞没，我为那些忍饥挨饿的农民，感到十分难过！我们勘查到安徽省正阳关，这个淮河沿岸有名的城镇，四面都被洪水包围了，简直成了“海底龙宫”。我们的船从西门开进去，停在一家旅馆门前。我们进了旅馆，休息了一会儿。由于几天没有吃到青菜，我们告诉老板：晚饭给我们炒两盘青菜。老板说：吃青菜没有，吃鱼管饱。我到街上看了看，没有卖菜的，却有很多卖鱼的。一条两斤重的活鲤鱼，只要两角五分钱。

经过全体团员和技术人员几个月的实地勘查，我们完成了勘查任务。在勘查报告中，我们除去说明洪水泛滥情况和灾民生活情况外，也谈了黄泛区的政治、经济、军事情况，最后我们提出一条建议：由国家拨款，以工代赈，沿黄泛区西岸，由河南新郑至安徽界首，修筑一条大堤。如果实现了这个建议，有下述好处：（一）可以使黄泛区以西的大片土地不受淹没；（二）以工代赈，可以救济灾民；（三）可以作为河防工事，有利于抗战；（四）大堤可以作为运输公路，有利于繁荣黄泛区的经济。这个建议被当时的政府采纳了，而且实现了，对抗战、救灾，起到积极作用。

11. 为争取抗战胜利深入日本统治区搞情报

1942年春，西安办公厅主任蒋鼎文调任国民党第一战区司令长官。我利用蒋鼎文的关系，由西安办公厅调到第一战区司令长官部，做地下工作，担任少将待遇参议。然后以“第一战区司令长官部战地联络组组长”名义，赴豫东日本统治区做情报工作。为便于联系和保密，我将办公处和电台设在安徽界首卜楼寨，以界首市内的悦昌恒商行，作为联络中心。当时，悦昌恒商行的东家经常向由日本统治区来到悦昌恒商行的商人询问日军和汉奸部队的活动情况，并转告我。商丘、柘城、亳县、北平、上海等地，设有联络站或联络员。这时我和刘子久同志已联系不上。于是我去西安，和李年同志发生横的联系，后来由李年同志将我的关系转报上级。

商丘脱险：1942年秋，我到日本统治的商丘城内部署工作，被日本特务发现了，他们报告了日本宪兵队。宪兵队通知驻商丘城内的伪军军部，要他们迅速四门加岗，协助宪兵特务搜捕我。军部命令部下执行这个任务，当时在该军一个担任营长职务的人（我党地下党员、我打游击时的大队长）得知此消息，立即通知我驻商丘的联络站主任牛景康（他的身份是伪军教导团军需主任）。牛景康急促跑回联络站，将此情况告诉了我。他慌忙地问：怎么办？我说：三十六计，走为上计。他说：城门已经加了岗，还有日本宪兵，专为搜捕你，怎么能走出去？我说：当然不能走城门了。我脱下伪军服装，换上便衣。我要牛景康拿着一条长绳子，我俩就走出了作为地下工作联络站的陈公馆。陈公馆的大门向南，东边邻近东城墙，我领着牛景康沿城墙根向北走。他急忙地问：这怎么能跑出去？我说：别着急，能跑出去。走到城墙东北角，那里因年久失修，风吹雨淋，有一部分城墙塌下来了。我们两个就踏着碎砖，上了城墙。牛景康说：我怎么不知道有这么一个豁口？我说：做地下工作的人，到了一个地方，未进门之前，就要先找好出门的地方。当时，柘城县的情报联络站主任牛传于也在商丘。我告诉牛景康说：我出城之后，你赶快去通知牛传于，要他到城北保罗医院（是一所美国教会办的医院）候诊室等我。牛景康把绳子放开，他拉着绳子的上半截，我拽着绳子的下半截，顺利地下到城墙外。

出城之后，我到了北门外的一位朋友家。他是回民，以做小买卖为生，有一辆架子车。我一敲门，那位朋友出来了，把我让进屋里。我说：二哥，我病了，你陪我到医院看看，好吗？他说：好！用车拉着你去。快出门时，我对他老伴说：二嫂，我身上有些发冷，你给我盖上一条棉被，好吗？她说：好！就进屋拿出一条棉被，盖在我身上。这样，沿路伪军岗哨没有盘问我们，那位回民朋友就平平安安地把我送到医院。我到候诊室看了看，牛传于还没有来。我到医院对门的小饭馆，要了一碗面条，我一边吃面条，一边从玻璃窗盯着医院门口。快吃完的时候，看到牛传于进了医院的门，我赶快去把他叫到小饭馆。他有些慌张和害怕。我说：不要怕，危险已经过去了，我想到柘城去住几天，避避风。他说：好！好！我们离开小饭馆，商量走哪条路妥善些。牛传于说：走小路近些，也没有日军岗哨。于是我们沿着小路徒步前进，夜幕降临，我们才到了柘城。我在牛传于他父亲开的三多利杂货店住了三天，尔后平安返回界首。

获得日伪南京高级军事会议文件：抗日战争中期，出现了一种“曲线救国”谬论。国民党军委会所属的一些杂牌军队，借口“曲线救国”，纷纷叛国投敌，变成了汉奸部队。侵华日军总司令部为笼络这些汉奸部队，于1943年春在南京召开高级军事会议，师长以上的汉奸军官才能参加。我有一个情报员，给一名汉奸师长当翻译（职务是参谋）。他随师长去南京之前，我叮嘱他尽量把会议文件带回来。那个汉奸师长不识字，大会发的文件，他都交给那个情报员（他的翻译）保管和处理。从南京回来之后，那位情报员把大批会议文件交给了我。我从这大批文件中了解到，伪南京高级军事会议的主要内容是：（一）向这些汉奸军官吹嘘日本“皇军”的威力，推行日本、“满洲国”、中国（指汉奸政府）三联合的谬论；（二）鼓吹日本实现“大东亚共荣圈”的野心。在那些文件中，我看到了一张“大东亚共荣圈”的示意图，表示日本一方面要打通“大东亚交通线”，即从朝鲜、东北、北平、武汉、广州的铁路线，以便从陆路运兵进攻缅甸、泰国、越南、印度等国。另一方面日本海军从本土出发，经水路侵占菲律宾、马来西亚、印度尼西亚、新加坡等国。当时的中国平汉铁路，由郑州至汉口一段，还在抗日力量的控制下，日本火车不能通过。从而我估计到日本可能要出兵打通平汉铁路，以完成打通“大东亚交通线”的阴谋。我把那张“大东亚共荣圈”示意图复制了两份，连同我的上述估计，上报组织。1944年3—4月间，日本出兵攻陷了郑州、洛阳等地，打通了平汉铁路，实现了他们所谓打通“大东亚交通线”的野心。

日本统治下的上海点滴：1943年初夏，第一战区司令长官蒋鼎文来电，要我回洛阳述职。我到洛阳后，他找我谈话。询问了我的工作情况后，他说：杜月笙（上海青红帮大坛主）的夫人已经由重庆来到洛阳，你能否把她送回上海？我说：能。于是长官部派了一辆汽车，把我们送到界首（抗战部队控制区）。随着杜太太一同来的，还有张嘉敖的妹妹，在界首住了三天。我派联络员通知了商丘联络站主任牛景康。由界首出发，我骑着自行车，她们二人坐着架子车，经过三天的时间，通过日伪占领区，到了商丘（日军控制区）。牛景康已经在一家旅社给她们两人订好了房间。这家旅社是我前面提到的那位伪军营长等人开的，住在这里，可以不受日伪军警骚扰。第二天牛景康送我们上了火车，第三天到了上海。为便于工作，我没有住在杜夫人家。我住到了我的一位朋友家（地下联络员）。

既然到了上海，我想利用机会，了解一下在日本统治下的上海社会情况。那位朋友陪着我到上海一些地方走了走，看了看，又分别介绍我和他的一些朋友谈了谈。根据从各方得来的材料，我了解到当时上海的经济情况很坏，物价上涨，伪币贬值，市民所需的生活资料，供不应求。日本实行以战养战，大刮民脂民膏。例如，日本侵占上海之初，日军用的大米等军用物资，都是由日本国内运来，现在都要由当地征收，加重了上海市民的负担。我的那位朋友说：前几年，日本是用提高日本货价格剥削中国人民；现在日本人用一本万利的赌博搜刮中国人民的财富。日本人在上海公开地设有几处大赌博场。我说：咱们可以去赌博场看看吗？那位朋友说：可以。有一天晚上，那位朋友约我和一位马律师，我们三人一同到了一家日本人开的大赌场。赌客一进门，就要把准备作赌注的钱，换成筹码；不换筹码，不准进门。我们三人到了门口，站在门旁的一个胖子，一挥手，守门的人就让我们进去了。我很奇怪，我问我的那位朋友：为什么我们没有买筹码，就让我们进来了？那位朋友说：马律师是这个赌博场的法律顾问。我们进门后，赌博场的一位管事人，就把我们招待到客厅，让茶让烟，十分客气。坐了一会儿，我们进到赌博大厅参观。大厅面积很大，灯火辉煌，设有很多赌摊，每个赌摊，都有一位年轻的姑娘主持；有的押红黑宝，有的掷骰子，有的摇点子等等。赌具都很简单，很快地可以决定输或赢。不管赌客谁赢了，主持赌摊的姑娘都要抽头。据说这些姑娘没有工资，全靠从抽头中分红，取得工作报酬。所以客人走到她的赌摊，姑娘都“亲切”地说：老板，请来玩玩吧！赌具越简单，输赢越快，抽头越多，真是一本万利。赌场设有鸦片、海洛因、吗啡等吸用房间，赌客只要有钱，随时可以过瘾。赌博场还设有收买部，手表、戒指、金笔、大衣等物都收买。当日赎回，利息一分。赌客如果输光了筹码，随时可以卖掉首饰、衣物等作赌注，继续赌下去，有的赌客，进赌博场时，腰缠累累，是个大富翁；出赌博场时，两手空空，成了穷光蛋。这是在日本帝国主义统治上海时期，用的一种剥削、坑害中国人的毒辣手段。

日本统治下的上海火车站行李托运处是贼窝：我在上海住了一个星期，朋友们得知我将要结婚，送给我几件衣料。我自己也买了几件衣服和被面、被里、蚊帐等物。我把这些东西装在一个柳条箱里，用麻绳捆好。我和一位姓樊的朋友结伴同行，到了上海火车站，为上下车方便起见，我把柳条箱交给了行李托运处，买了行李票。小樊要扛着皮箱上火车。我说：你买张行李票，把皮箱托运多方便。他不买。到了商丘车站，小樊扛着皮箱出车站时，值班的日本人要检查他的皮箱，他和那个日本人一拉手，那个日本人没有检查，就让他扛着皮箱出站了。我问小樊：你认识那个日本人吗？为什么你和他一拉手，他就不检查你的皮箱了？小樊说：我不认识他，我和他一拉手，就给了他10元钞票，他就不检查我了。我说：你买张行李票，还用不了10元钱，何必找这个麻烦，小樊笑了。出站后，我到包裹行李处，去取柳条箱，那里的人说：还没有到。第二天我又到行李处，取出了柳条箱。打开箱一看，满箱是破衣服、破皮鞋、碎报纸。除剩下两张我买的结婚证书外，我装进去的其他物品，都没有了。我去找商丘火车站的站长（日本人）要求赔偿。那个日本人用半通不通的中国话说：这种事“大大地”有，没办法，没办法。这是日本帝国主义统治中国铁路时期，出现的又一种坑害中国人的事。我估计这件坏事，是在上海火车站行李托运处干的。因为我托运柳条箱时，他们就一一查看了里面装的东西。

在商丘火车站建立监视日军军运的中心：1943年春，我把日本“大东亚共荣圈”示意图和我对日军有进攻郑州、打通平汉铁路企图的估计，报给第一战区司令长官部。该部董参谋长复电说：你的估计有可能，要加强对陇海铁路上日军军运的监视。我由上海回到商丘后，要求驻商丘、柘城的两位情报联络站主任牛景康和牛传于，设法在商丘车站建立一个监视陇海铁路上日军军运的中心。牛传于便在商丘车站的北边租了一处房子，开了一个货栈。以此为掩护，他联系了一位火车司机和一位车站工作人员，组成了监视日军军运的中心。他们按天登记通过商丘车站的日军车次数、去向、所载部番号、人数、武器装备、军用物资种类、数量等。牛景康、牛传于及时派情报联络员将登记材料送给我，我通过电台或信函，迅速转报给上级组织。

20世纪20年代的商丘火车站

深入敌后侦察日军调动情况：1944年1月，我从商丘监视日军军运中心和其他情报员送来的材料，看到日本从徐州到开封的军事运输频繁，而且其中有橡皮船等大量渡河器材，联系到日本在南京高级军事会议上提出的“打通大东亚交通线”的计划，我想日本可能要发动进攻郑州、打通平汉铁路的战争。我将陇海铁路上的日军运输情况和我的看法，报给了上级组织，同时拿到该信息的第一战区司令长官部董参谋长复电说：你的看法可供参考，你速到敌后（主要是天津、济南）侦察日军调动情况。我于2月底到达天津，了解到大批日军已由平汉铁路北段南下。我从天津回到济南，得知每天都有从青岛来的日本军车，转津浦铁路南去。我回到商丘，看到我监视日本军运中心提供的材料，得知每天都有从徐州来的日本军车经商丘西去。我将上述情报急速报给上级组织。时过不久，日本就发动了中原战役

（即打通平汉铁路的战役）。郑州、洛阳相继沦陷，第一战区司令长官部由洛阳撤到陕西汉中。

第一战区长官部的电台由于撤退，和我的电台失掉联系，我的经费来源断绝，工作难以进行。我于1944年秋天，回到西安。

四、热烈欢庆抗战胜利

1. 留在西安工作

我回到西安之后，朋友帮忙租到三间住房，安下了家。西安地下情报组织的赵耀斌、李年等同志来看我。我向他们谈了打入第一战区司令长官部以后的工作情况，问了我今后的工作任务。赵耀斌说：你要到汉中去看看第一战区司令长官部的动向，并清理一下他们欠发给你的经费。我到汉中后，得知司令长官蒋鼎文已经离职，由国民党军委会参谋部长陈诚代理司令长官。参谋长、参谋处长、情报科长都换了人。我去参谋处报到，他们都不认识我。查了档案，他们才知道我原是司令长官部的少将参议、派赴豫东的长官部战地联络组组长。我问：洛阳战事以后欠发的经费如何解决？那位接待我的人说：你拿来报销册，我们给你核发；洛阳战事以前欠发的经费，你回西安去找原经理处负责人清理。我问：我今后的工作如何安置？接待我的人说：三十四集团军的胡宗南总司令已兼任副司令长官，长官部即将迁到西安；三十四集团军总司令部的情报科刘科长，已调任长官部情报科长；关于工作安置问题，你回西安去找刘科长接洽。我在汉中清理了洛阳战事以后的欠发经费。回到西安，我去找原经理处负责人，清理了洛阳战事以前欠发的经费。尔后，我去找新调到长官部情报科的刘科长，谈工作安置问题。他说：等长官部迁来西安再说吧。

我把上述情况告诉了西安地下情报组织负责人赵耀斌。他说：欧洲战场，德国和意大利已经失利；亚洲战场，日本也支撑不了多久；你就留在西安，等待时机好了。有一天，赵耀斌对我说：同志们要集资办一个书店，名义上是打着三民主义青年团陕西团支部的招牌办的，实际上是为我们建立一个地下工作联络站，你也参与办书店。我们筹备了半年多，这个书店办成了，名字叫作西安研究书店。我也购买了这个书店的一部分股票。

1945年春，一架美国飞机在徐州附近被日本飞机打落。驾驶员跳伞降落，未被日本人俘获。西安美国空军联络站，经过一位北大同学介绍，知道我在徐州一带工作过，就请我设法为他们查询那位驾驶员的下落。我立即通知我留在豫东的情报员。他们经过查询，得知那位美国驾驶员，原降落在蒙城以北的农村，隐藏在一位农民家中，以后被伪淮海省省长郝鹏举派人领走，扣留在徐州。我把这个情况转告了西安美国空军联络站，他们很感谢。我把这件事向地下情报组织汇报了。赵耀斌要我和美国空军联络站保持联系。

2. 日本投降抗战胜利

1945年8月10日晚上，我和赵耀斌、李年等同志正在研究工作。突然从广播中听到日本要投降的消息，我还有点半信半疑。8月16日从报纸上看到，横行霸道的日本帝国主义已于8月15日正式宣布投降！自1935年一二·九运动以来，我为之呼喊，为之奔走，为之奋斗的目标，经过全国人民8年的抗战牺牲，今天终于实现了——日本帝国主义被打倒了，中国人民胜利了。我万分，万万分地高兴！我以无比喜悦的心情，参加了西安市人民庆祝抗战胜利的大联欢、大游行！

我举起双手高呼：人民胜利万岁！万万岁！

日本投降矣！

答覆四國接受規定條款

今晨七時四國首都同時正式宣布

日本答覆係昨晚提出

昨日東京

巨機八百架昨炸日本

敵機前日襲美機動艦隊

中蘇續商

1945年8月15日《大公报》关于日本投降的报道

五、为争取人民解放继续战斗

1. 赴北平建立地下工作联络站

根据抗战胜利后的国内形势，党中央决定：抢先接收东北，并建立巩固的东北根据地。因此，第一条战线（军队）和第二条战线（地下工作）上的人员，都要尽快向东北转移。

西安地下情报组织负责人赵耀斌计划先派人到北平建立一个地下工作联络站，作为向东北转移的第一步。但抗战胜利之初，由西安到北平的火车还不通，去北平的“接收大员”都是坐专机去的，要派人去北平，交通是个大问题。9月中旬，赵耀斌来我家，问我是否有办法赴北平。我说：前两天西安美国空军联络站的克拉克先生来约我，和他们一同坐飞机去徐州，营救那位被扣押的美国飞机驾驶员。到了徐州，我可以坐火车去北平。赵耀斌说：这是好机会，你多和美国空军联络站联系，动身之前，我们再谈谈。9月下旬，克拉克先生通知我乘飞机去徐州的日期，并说他开车来接我，要我做好准备。我立刻去告诉了赵耀斌。他留我在他家吃了饭，并说：你到北平后，设法建立一处地下工作联络站。如果能接收一家敌、伪文化单位就办一个报社或书店。9月下旬的一天，我和几位美国人乘飞机赴徐州。下飞机后，我们坐汽车直接到了郝鹏举的伪省公署。我们说明来意，接待的人把我们让进客厅。不久，郝鹏举陪着那位美国驾驶员来了。那位驾驶员和来的美国人热烈拥抱，当克拉克向那位驾驶员介绍了我的情况时，那位驾驶员也和我热烈握手致谢。当他们要去飞机场时，我告诉同来的美国人说：我不回西安了，我要去北平。他们问：你

20世纪40年代葛佩琦夫人朱秀玲

妻子知道吗？要我们带回一封信给你妻子吗？我说：她知道，不用带信了，谢谢你们。他们回西安去了。我准备由徐州坐火车去北平。

天天有火车经徐州去北平，我想买张去北平的火车票是很容易的。哪知北去火车都是日本撤兵的军车（当时铁路还由日本人控制着），没有客车。我去看望带着部队来到徐州的何柱国部田参谋长，顺便谈到我要去北平没有客车的问题。他要参谋处通知徐州火车站站长，在北去的军车上专挂一节客车。我坐着这节客车到了北平。时间是1945年9月底。

这时的北平正是国民党接收大员“五子登科”（金子、票子、房子、车子、女子）的时候。他们对敌、伪的房子、汽车等财产，互相争着接收，谁抢到手，就是谁的。一个职务最高的接收大员，霸占了一个有名的京剧女演员。北平市行政管理，无人负责，满街垃圾堆成山，小偷到处皆有。一位朋友晚上来看我，把自行车放在院内，不到半小时，车就被偷走了。日本侨民正在集中，等候遣返。日侨的大批家具、衣服、被褥等物品，摆在马路边上，廉价出卖。伪政权办的各大学，都已改成大学补习班，等候抗战之初南迁的各大学负责人回来接收。各中小学校，虽然没有适当课本，经费也无固定来源，但是那些有爱国心的老师，仍然坚持给学生上课。

我是接受我党地下组织的派遣来北平的，由于没有国民党“接收大员”身份作掩护，所以不能参加接收。我通过私人关系，在北平绒线胡同西口租到一套大四合院，以住家为掩护，建立了地下工作联络站。1946年冬，赵耀斌赴东北布置工作，来回经过北平都是住在这里。

2. 打入国民党东北保安长官司令部做情报工作

1946年春节前，我写信给赵耀斌说，我要回西安。他回信说：朋友们要到东北做生意，也给你入了股，你先留在北平，以便去东北。春节后的第三天（1946年2月4日），李年、邢国彦、王书鼐三位同志坐飞机来到北平，住在我家。

李年

邢国彦

王书鼐

他们是由赵耀斌派遣，经陈忠经同志介绍，打入国民党东北保安长官司令部政治部，做情报工作的。李年向我传达说：赵耀斌也要你去东北，陈忠经同志已经把你的经历作了介绍，东北保安长官司令部政治部主任余纪忠表示，欢迎你去。过了几天，余纪忠来到北平，住在北京饭店。经李年介绍，我会见了余纪忠。他除当面约我到政治部工作外，还要我给他解决在北平用的小汽车问题，以便外出拜访军政机关首长。我给他借到了一辆漂亮的小汽车开到北京饭店门口，供他使用。过了两天，余纪忠派秘书给我送来一张派令："派葛佩琦为东北保安长官司令部政治部少将督察。"这是我到东北做地下工作的掩护身份。

3. 战斗在敌人的心脏

1945年8月，在日本投降之前，苏联出兵东北，击溃了日本关东军。我党武装力量迅速进入东北，开始在各地建立人民政权，准备建立巩固的东北根据地。8月15日，日本宣布投降后，蒋介石为抢夺胜利果实，决定派他的王牌军队——青年远征军进入东北，派远征军总司令杜聿明担任东北保安司令长官。这表明：国共两党在东北的一场血战即将开始。党组织派我到东北的主要任务是搜集敌人的军事情报。于是我辞去了余纪忠要我留在北平担任政治部驻北平办事处处长的职务，到沈阳（东北保安长官部所在地）去了。

在我动身去东北之前，报纸上登了这样一条消息：东北保安司令长官杜聿明下令在通辽枪毙中共党员29人。国民党企图用这种宣传，来恫吓共产党地下工作人员。但我不怕，我想共产党员要为革命事业牺牲一切，包括自己的生命。为革命而死，无上光荣。“不入虎穴，焉得虎子”，我毅然乘火车到了沈阳，坐在杜聿明司令部内，为我党搞情报工作。

到了沈阳，余纪忠分配我代理政治部第一组组长。这个组是管军队政治工作的。国民党部队从关内调到东北时，部队的政治部都要把该部队的番号、主官姓名、驻地、人数、编制等，书面报给长官部政治部。长官部政治部第一组根据这些材料，编成国民党在东北全部驻军一览表。我将这份一览表报给了我党地下组织。

国民党驻沈阳的党政军各大单位，如省党部主任委员、省政府主席、保安长官部长官、参谋长及政治部主任、经济委员会主任等，每两周开一次党政军联席会议，由东北行辕召集，由行辕主任主持。我随着政治部余纪忠参加该会时，获得一些重要情况，也报给了我党。

1946年冬，西安地下组织负责人赵耀斌来沈阳部署工作，他作为我的客人，和我一同住在沈阳中苏联谊社，并和我讨论了在沈阳建立地下电台的问题。

1946年12月，据说苏军要将占领的旅顺、大连交给国民党政府。在国民党东北行辕主持下，组成了旅大统一接收委员会，我任该会委员兼宣传组长。我率领宣传组前进到辽南熊岳镇。此地是国民党新六军的防区，我和该军驻熊岳镇的陈师长谈过防务情况。我将新六军在辽南的部署和动态，及时报给了我党地下组织。

1947年春，在我军发起辽东南战役之前，我代表长官部政治部到安东（丹东）视察工作。驻该地的国民党军队的参谋长向我谈了军队的部署情况，并陪同我视察了新修的防御工事。我将这些情况，报给了我党地下组织。

1947年6月1日，北平学生发起反饥饿、反迫害、反内战的游行示威。沈阳学生定于6月2日发动游行示威，以响应北平学生的号召。国民党东北行辕指定：长官部政治部、长官部第二处、沈阳警备司令部、沈阳市党部、沈阳市教育局、警察局等单位，组织成“学生指导委员会”，研究制止学生游行的对策。我和李年、邢国彦、王书鼐四人都打入了“学生指导委员会”的会议。会上有人提出，如果学生不听劝阻，强行游行，可以开枪制止。我们坚决反对，我们说，无论如何不能造成流血事件。最后决定：当夜派军警逮捕各校的学生会负责人。会后，我把这个决定秘密通知了东北大学的三名进步学生，他们6月1日夜里离开学校，未被逮捕。

解放战争时期，中共地下组织十分活跃的东北大学

1947年6月中旬，政治部改为新闻处，余纪忠任处长，我任第二科长。7月间，我军围攻四平，攻打国民党新七军（军长是陈明仁）。两军相持数周，未分胜负。东北保安长官部组成前进指挥所，副长官郑洞国任前进指挥所主任，我任指挥所新闻组组长。我们带着一个榴弹炮营、一个坦克大队增援四平。当天晚上驻在铁岭，我用军用电话，将增援情况报给了我党沈阳地下情报组织。第二天上午我们到达昌图，指挥所驻在昌图县城东门外。榴弹炮营和坦克大队与四平外围的我人民军队接了火。下午，围攻四平的我军撤退，四平解围。我连夜进入四平城内，代表前进指挥所“慰问”军长陈明仁。陈明仁简单介绍了战斗情况后，他说：共产党的特务无孔不入，他们夜间爬到工厂的高烟筒上打信号弹，给城外共军指示进攻目标。我说：共产党的“特务”确实有办法，有时他们来到我们的眼前，我们还不认识他们。夜深了，陈明仁派人送我到招待所。所内只有几张木板床，没有被褥。床上铺的是空投物品、弹药用的降落伞，我躺在降落伞上，睡了一夜。

第二天上午，从南京来的国民党中央慰劳团到了四平，团长是北大校友傅汝霖，他要我和他一同去慰劳伤兵。我们到了几处伤兵医院，少医缺药，情况十分凄惨。处理伤口，缺少纱布和绷带；一些断腿缺胳膊的重伤兵，在痛苦地号叫。慰劳完伤兵之后，我和慰劳团一同坐飞机到了长春。此地驻的是国民党新一军。在慰问高级军官的慰劳会上，我见到该军的军长、师长、参谋长等，从交谈中，得知该军的部署、动态等。回到沈阳，我将新一军的这些情况，报给了我党地下组织。

国民党由于四平战役失利，调整了他们在东北的军政机构，撤销了东北保安长官司令部，军事政治部归东北行辕统一指挥。原东北保安司令长官杜聿明和原东北行辕主任熊式辉调走了，由国民党军委会参谋总长陈诚代理东北行辕主任，统一掌握东北的军政大权。陈诚到东北之后，对下属机构进行了改组：将新闻处改为政工处，调走余纪忠，由魏鸿绪任处长，我仍留任第二科长。国民党中央宣传部部长李惟果来沈阳，商得陈诚同意，将中央宣传部东北特派员办公处，改为中央宣传部东北通讯处，调我任该处处长。我担任的行辕政工处第二科长，由李年同志接任。东北通讯处的主要任务是，代表国民党中央宣传部管理东北的新闻出版机构和宣传事宜。我担任的“中央宣传部东北通讯处处长”，是我做地下工作的掩护身份。

4. 我地下组织被敌人破坏一些同志被捕

深入敌人营垒做地下工作，随时都有被捕杀头的危险！伴敌人如伴虎狼！这是我经常念叨的一些警惕语。我也为自己订了一些行动守则：要静如处子，动如脱兔；要机智、勇敢、沉着、谨慎。但树欲静，而风不止。白色恐怖下，我们的地下组织还是被敌人破坏了，一些同志被捕了！

1947年10月10日，为了应付场面，我们出席了国民党当局召开的“国庆纪念会”。晚上，邢国彦和王书鼐两同志来我家聊天，10点钟左右送走了他们。我刚刚入睡，电话铃响了，我被惊醒。我拿起电话，听到一个熟悉而急促的声音：大哥，李年被捕了！这是李年的爱人何英芬同志的声音。她也是我党地下党员，负责译电工作。我问：是被哪方面逮捕的？她说：是行辕的一位科长带着来的。我意识到：这不是李年的个人问题，而是地下组织被破坏了！因为行辕二处属于国民党军统特务系统。放下电话，我就考虑：我怎么办？是逃跑，还是坚持岗位，营救同志？如果黑名单上有了我的名字，跑是跑不出去的。如果黑名单上没有我的名字，也不会因为我营救同志被逮捕。既入虎穴，何必怕虎。我决定坚持岗位，营救同志。天还不亮，我就到了李年家，见到何英芬同志。她定了定神，对我讲述了李年被捕的经过：是东北行辕的董科长带着另外一个人来的，先说是请李年到行辕开会；李年穿上大衣要走时，董科长要他带着行李，我就有些怀疑。我送李年出门时，看到门外站着两个带枪的人，肯定李年是被逮捕了，就给您打电话。我问：他们拿走我们的文件和密码本没有？她说：没有。我又问：你看，出事故的原因是什么？她说：最近从西安来到沈阳的东北通讯社的申台长，十天前就失踪了，问题可能出在他身上。我说：这样，东北通讯社（掩护地下电台的组织）社长王书鼐也可能被捕。她接着说：我给您打完电话，就给王大哥打电话，说了两句话，电话就断了。我马上就拨叫王书鼐的电话，仍然拨不通。我对何英芬说：你再仔细检查一下，把所有的机密材料，迅速烧掉，以免敌人再来检查。敌人拿不到真凭实据，官司就好打。说完，我就去了王书鼐家。

我走到王书鼐家，天已大亮，屋里静悄悄的，只有王书鼐的爱人在家。我问：我给你们打电话，为什么拨不通？她说：电话被掐断了，书鼐被捕了，是行辕二处张副处长带着人来的，把邢国彦（住在王书鼐家隔壁）也逮捕了。我问：他们拿走什么文件？她说：没有。我到邢国彦家去，他家没有人。我就回家了。

早饭后，我到行辕参谋处找一位张科长，他是我的山东同乡。我说：政工处二科科长李年是我的北大同学，昨晚被二处董科长带着人带走了。他的妻子很着急，托我代她打听一下，李年被带走的原因和现在的下落，你能帮忙问问董科长吗？张科长立即拨通了董科长的电话，谈了此事。打完电话，张科长对我说：案子是北平方面来办的，董科长是奉命协助，原因是共产党嫌疑，下落还不能公开。

为了弄清楚李年等被捕的情况，看看我是否有被捕的危险，我向有关人士进行了探询。我去访问了一位老朋友洪处长。他说：李年等被捕的事，我知道，什么原因我也弄不清楚。他说：我们一同到东北行辕去问问崔处长。见到崔处长，谈了李年被捕的情况之后。崔处长说：在行辕内部出了共产党的案子，陈（诚）代主任很生气。你们过去和李年有交往的人，言行要特别小心。

告别崔处长，走在路上，我问洪处长：你看事情是否有扩大的可能？洪处长说：我认识沈阳市督察处处长（军统特务），我去打听打听。

他们被捕后的第三天，李年等三位同志的爱人来我家。我把昨天我从各方面得到的消息告诉了她们。她们和我商量如何营救三位被捕的同志。我说：他们三位都是在职的“军政机关官兵”——李年是东北行辕政工处的科长、王书鼐是沈阳警备司令部的新闻处副处长、邢国彦是辽北省长岭县县长。你们先分别往访他们原单位的领导人，看看那些人的态度，作为我们营救工作的参考。她们同意我的意见，分别去找有关单位领导。

我陪着王书鼐同志的爱人去见沈阳警备司令楚溪春。她说：楚司令，书鼐是警备司令部的新闻处副处长，天天上班，辛勤工作，突然被捕了，这是为什么？押在什么地方？楚司令说：“王太太，这些事人家能告诉咱嘛！”过了几天，我分别去见李年和邢国彦同志的爱人，问她们上访的情况如何。她们说：没有结果，什么问题也没有解决。她们三位大嫂交给我一个简单而难办的任务——要我设法找到关押三位被捕同志的地方。她们说：天气冷了，找到他们的地方，以便给他们送点吃的和穿的。我经过多方努力，终于从一个特务的妻子口中，得知关押三位被捕同志的地点——沈阳市昆明街81号。这是国民党军统组织在沈阳的秘密监狱。我把这个地点告诉了三位被捕同志的爱人，通过她们给被捕同志送饭、送衣物。我得知三位被捕同志，都遭到严刑拷打。

一天晚上，一个从西安一同来东北的熟人，到我家串门。我知道他参加了国民党中统特务组织，他不知道我参加了共产党。他说：你和李年等三人经常来往，现在他们因共产党嫌疑被逮捕了，你又帮助他们的家属营救他们，这是政治问题，有人对你有怀疑，你最好不要再管他们的事。我说：朋友相交，要重道义。你、我和李、王、邢三人，都是从西安一块来东北工作的，我们都是“朋友”，他们遭了难，我们应该帮助他们的家属营救他们。即使法院将来查明他们是共产党员，枪毙了他们，我们也应帮助他们的家属买棺材、收尸，法院不会因此逮捕我们。他听了我的话不对味，就告辞了。

过去我和赵耀斌约定，他每天寄给我一份西安情报组织办的《新秦日报》，作为日常联络信号。自李年等被捕后，我没有收到这份报纸。我怀疑西安地下情报组织也被破坏了，但我不敢写信打听。有一天洪处长来我家，我提出这个疑问。他说：据西安一人谈，赵耀斌被捕了，研究书店和《新秦日报》被国民党查了。洪处长又说：他到沈阳市督察处去问了。督察长说：李年他们的案子，是北平方面来办的，办完了，就完了，不至于再扩大。督察长还说，他知道你是程潜将军的老部下，不会因为你和李年有来往，就怀疑你。从此我才放了心。

1948年新年前后，有一位被捕同志的家属对我说：她去送东西，监狱的看守不收了，并说以后不要去送了。她有些害怕，怕是亲人被处决了。我说：不至于，如果处决了，监狱要通知家属的。我又去问那个特务的妻子。她说：没有听说最近监狱里处决过人，李年等的情况她也不知道。我一直在为三位被捕同志的处境担心。1月中旬，何英芬同志告诉我：她接到了李年的来信，其中说，他们被捕的人，已经被国民党用飞机押送到南京。我才知道他们确实还活在人间，我为他们庆幸！

地下组织和电台被敌人破坏了，情报发不出去；蒙难同志被转送到南京了，沈阳没有营救工作可做。我想离开沈阳，回北平。但我又一想，我党在东北，已经三分天下有其二，沈阳解放指日可待。我留在沈阳，虽然不能做情报工作，还可以利用旧有的社会关系，做其他一些有利于革命的工作。沈阳解放后，我可以找党组织接关系，于是我决定留在沈阳。

5. 开展地下工作迎接沈阳解放

我以“国民党中央宣传部东北通讯处处长”的名义为掩护，留在沈阳，虽然做不了情报工作，但我还开展了其他一些有利于革命的工作。

1948年2月，国民党东北当局，将沈阳各大学的学生集中到中正大学，强迫进行“冬训”。冬训班当局扬言有“共产党分子混入”，大肆逮捕学生。东北大学有几名进步学生被逮捕。我以“国民党中央宣传部东北通讯处处长”的名义，把他们保出来了。

1948年春，我军缩小对沈阳的包围圈。沈阳城内一些穷苦的山东同乡，因找不到工作，生活困难。我以山东同乡会理事的身份，提出以山东同乡会的名义，向同乡中的大户募捐，赈济失业同乡。我并暗地动员失业同乡，到解放区参加大生产运动。

我以“国民党中央宣传部东北通讯处处长”的名义，多次召集沈阳各报社的进步编辑和记者，开座谈会，讨论东北形势。并要求他们揭露国民党统治区的社会黑暗和抓壮丁、拉民夫、抢征农民粮食等苛政。

1948年2月，在冰天雪地的寒冬，何英芬同志带着五个孩子去南京，营救李年同志。我给了她一些精神鼓励和一点物质帮助。同年4月，邢国彦同志的爱人生了一个男孩。她在沈阳的亲友很少，产前产后，我都给了她一些帮助。同年秋天，东北战争激烈，沈阳人心惶惶；铁路交通中断，很多人争购飞机票，飞往北平。我去看望邢国彦同志的爱人。她说：她也想去北平，但抱着孩子，带着很多行李，上下飞机有困难，到北平又没有住处。我出钱给她买了行李票，把两只装满衣服的大木箱托运到北平。然后她抱着孩子坐飞机到了北平，住在我家。王书鼐同志的爱人，在沈阳的亲友比较多，我也常去看望她，告诉她一些有关情况。她于1948年秋天，搭飞机去北平，住在她父亲家中。至此，被捕同志的家属，都已离开沈阳。

1948年10月底，我军向沈阳发起进攻，激战两昼夜，国民党军队败退。11月2日，沈阳解放。我看到政委罗荣桓同志出的安民告示，感到非常高兴！

1948年11月2日，沈阳解放。图为中国人民解放军冲入“东北剿匪总司令部”大楼

我设法去找党的领导机关，接组织关系。但解放之初，党的领导机关尚未公开，没有找到。通过沈阳工商联合会，我得知沈阳市长是朱其文。我前往沈阳市政府联系。接待的人问：你有地下组织介绍信吗？我说：地下组织被敌人破坏了。接待的人说：你没有党组织或党员介绍信，不能接党组织关系。组织关系接不上，我只好回北平。

当时，从沈阳到山海关的火车不通。进关的行人，络绎不绝，主要的交通工具是三匹骡子拉的大车。路过黑山县时，我看到许多被打坏的坦克和装甲车。据说这是国民党新六军（机械化部队）被歼灭的地方。经过六天的寒风吹，我坐着马车进入又一个“天下第一关”——山海关。回忆1939年我进潼关（天下第一关）时，东北大地还被践踏在日军铁蹄之下；今天我进山海关时，东北大地已经红旗飘飘。红旗上有我的一滴血汗，我感到特别高兴！从山海关步行到唐山，搭乘火车，我回到北平。

1945年8月底，八路军在苏军的炮火支援之下，攻占具有“天下第一关”之称的山海关。图为进入山海关的八路军

六、欢庆中华人民共和国诞生

1. 参加中华人民共和国开国大典

1949年春节前，北平和平解放。我在北平和家人团聚，欢度解放后的第一个春节，感到特别高兴。春节期间，走亲访友，见到一些从老解放区回来的一二·九时期的老同学、老战友，我的心情更加愉快。这些老同学、老战友很关心我的政治前途，要我赶快争取恢复组织关系。为了解决这个问题，我必须设法找到我的单线联系人赵耀斌。

1949年1月31日，北平和平解放。图为人民解放军举行入城仪式

由于在辽沈、平津、淮海三大战役中，我人民解放军摧毁了蒋介石的主力部队，南京局势起了急剧变化。因证据不足，南京法院对关押在南京监狱的李年、王书鼐、邢国彦三人，“宣告无罪释放”。3月中旬，他们三位同志以及李年的爱人何英芬，平安地回到北平。我准备了一桌饭菜，为他们压惊、洗尘。从他们的谈话中，我得知：1947年10月，同时被破坏的还有西安、兰州、北平、保定、承德、长春等地的地下组织，被捕的同志有七八十人；其中有几位同志被敌人枪毙了！我问：赵耀斌的情况如何？他们说：他没有回来，情况不明。

我在沈阳做地下情报工作时，工作上是和李年单线联系，组织上和赵耀斌单线联系。赵耀斌情况不明，我怎样接组织关系呢？！四月初，一个偶然的机会，我在全国总工会见到了分别将近10年的刘子久同志。他是我的入党介绍人，我请他给我接组织关系。他说：接组织关系，须经过组织部门。他介绍我去找华北局组织部。

我到华北局，见到组织部的一位刘同志（名字似乎叫刘地）。我向他说了我的经历和组织关系中断的原因。他说：这是历史遗留问题，应该解决。他给了我几张信纸和几个信封，要我给能证明我的组织关系和工作关系的人写信。我当即分别写给刘子久、李年、邢国彦每人一封信，交给了刘同志。他说：我们把你的信，通过组织关系，转给有关人员，过一段时间，你来看看结果。四月中旬，我又到华北局组织部。刘同志说：根据调查到的材料，证明你入过党、做过地下工作，但因找不到你的单线联系人赵耀斌，组织关系还不能恢复。我说：华北局可否先给我安置个工作？刘同志说：我们可以研究研究。过了几天，我又到华北局。刘同志说：你的工作我们研究了，虽然你入党已经十多年，但由于你长期在白区做地下工作，对党的一些方针政策不很熟悉，工作起来有困难。我们先介绍你到华北大学政治研究所，学习一个时期，毕业后可以给你分配工作，华大也可以继续给你调查整理组织关系。

经华北局介绍，我于4月下旬，到华大政治研究所报到，这个研究所的研究方式很新颖，没有课堂，没有课桌，没有导师讲课，没有大部头的课本，不考试，不记分。学员大部分是从北京各大学来的教授、副教授、讲师以及一部分社会名流。学校发给每位学员一个马扎、一本只有几十页的小册子——《社会发展史纲要》。学员自由结合，10个人一组，推举一个为组长。学习地点每组在校园内自由选择，树荫下、花坛旁、葡萄架下都可以。全组坐着小马扎，围在一起阅读《社会发展史纲要》，结合自己的认识，进行讨论。从早晨8点半学习到上午11点半，集体开饭。学校发给每位学员两个粗瓷碗、一双竹筷子。学员根据个人的食量，自己去打饭、打菜；端着饭菜，坐在小马扎上，越嚼越香。下午自由活动，溜马路、逛市场、回家都可以。全所共有四五百名学员，只有10多位年轻的指导员，负责管理工作，秩序井井有条，一点不乱。

随着时间的推移，形势的变化，学习内容有所改变。学完了《社会发展史纲要》之后，还学习了列宁的《国家与革命》；结合时事政治学习，讨论过《评艾奇逊的白皮书》《别了，司徒雷登》等文件。对于我这个长期从事地下工作的共产党员来说，参加华大政治研究所学习，受益匪浅。

1949年全国人民政治协商会议第一次会议（当时称为新政治协商会议）决定：10月1日成立中华人民共和国。我的心情非常激动！9月下旬，为了迎接中华人民共和国开国大典，我们华北大学政治研究所的队伍进行了多次排练，我积极参加。10月1日，我们的队伍被指定为仪仗队，站在天安门广场的最前排。天安门经过修理，焕然一新。城楼上挂着8个鲜红的大宫灯，插着8面迎风飘扬的红旗。城门上方的红墙中央，挂着毛主席的巨大画像，画像的两旁是两幅横标：中华人民共和国万岁！世界人民大团结万岁！天安门的对面：正中立着孙中山的画像，两旁立着马克思、恩格斯、列宁、斯大林的画像。整个会场，红旗招展，宏伟雄壮。毛主席和中央领导同志登上天安门城楼，全场掌声雷动。乐队奏起国歌，全体肃立。旗杆立在天安门广场上。毛主席在城楼上按动电钮，五星红旗徐徐升起。毛主席庄严宣布：中华人民共和国成立了！中国人民站起来了！全场高呼：毛主席万岁！中国共产党万岁！中华人民共和国万岁！此起彼伏，经久不息。毛主席讲话之后，各队开始游行，分路返校。我们作为仪仗队的华北大学师生，经过金水桥，涌向天安门。热烈高呼：毛主席万岁！毛主席高呼：人民万岁！他由天安门城楼的东头走到西头向我们招手致意，然后离去。我有机会参加开国大典，至今犹感荣幸！

1949年10月1日，伟大的中华人民共和国宣告成立。图为首都30万军民在天安门广场举行开国大典

2. 愿为祖国培养科技人才而努力

我青少年时代，有一种“科学救国”的思想，因此我选择了物理系。参加革命后，我的这种思想受到批判，但我想只讲科学，不讲革命，固然不能救国；但只讲革命，不讲科学，像我们这样科学落后的国家，也难以富强。我的思想就转变为“救国不忘科学”。所以我在沈阳做地下工作时，还到沈阳医学院（现在沈阳的中国医科大学）教物理。

新中国成立后，国家成立了情报总署，过去和我一同做地下工作的同志，有的被分配到该署。一位领导同志也要我去情报总署工作。我想革命战争已经胜利，不需要很多情报人员了；新中国刚刚开始，需要大批科技人才。因此，我没有去情报总署，而到了中国人民大学教物理。

到了中国人民大学，我担任理化教研室物理组组长。我一面教课，一面钻研业务。我除编写了中国人民大学用的《物理学讲义》外，1954年我写了《实践论对于自然科学工作者的启示》的论文，在中国人民大学科学讨论会上宣读。1956年我编写出版了《电磁感应》和《自然常识问题解答》两本书。

1956年出版的标有“葛佩琦著”的《自然常识问题解答》书影

第二次世界大战末期，美国向日本扔了两个原子弹，1954年苏联建成原子能发电站，这是核物理学在战争与和平方面的具体应用。当时在我国，核物理学的研究还刚刚开始。除钱三强等老一辈的物理学家在国外做过核分裂实验外，国内尚无这方面的专门实验室；致力于核物理学研究的人，为数也不多。当时我对核物理学很感兴趣，我读了一些有关核物理学的书，结合我在煤炭工业部等单位所作的“和平利用原子能”的报告，我写了一篇介绍核物理学常识的文章，摘登在拙作《原子能常识问题解答》上。然而，我准备对核物理学进行研究的计划和为祖国培养科技人才的愿望被打断了，这是我一生最大的遗憾！

七、蒙冤受屈坐监牢

1. 被错划为“右派分子”

1951年2月，我到中国人民大学之初，我就申请工业经济系（当时叫工厂管理系）党总支给我调查恢复组织关系，我几乎每月都要去找总支书记一次。总支书记总是说：你的问题时间长了，问题复杂，不好解决。我给中国人民大学党委写过三封申诉信，请求调查研究恢复我的组织关系，并把华北局经过函调，认为我入过党，做过地下工作的材料，转给了中国人民大学党委。党委是否调查研究过我提出的请求，我不得而知，但我始终没有得到有关问题的确切回答。

1957年春，党内整风开始后，中国人民大学党委会连续三次书面通知我，要我参加党外人士座谈会，帮助党整风。我想我是一个冒险犯难，为党做过十多年地下工作的共产党员，由于地下组织被破坏，单线领导人被捕，断了组织关系。党委并没有对我请求恢复组织关系的申诉信作出任何答复，为什么要把我列为“党外人士”？我有些想不通。所以头两次接到通知，我没有出席座谈会。第三次通知送来之后，有总支的一位同志来动员我，他说：党委三次书面请你参加党外人士座谈会，你都不去，不太合适。我就勉强地去参加了座谈会。

到了会场，党委书记宣布开会之后，接着说：“党的政策是知无不言，言无不尽；言者无罪，闻者足戒；有则改之，无则加勉。”他并说：这是毛主席说的，请大家打消顾虑，踊跃发言。在一些人发言之后，我站起来发言。我根据帮助党整风的意愿，就外行办不好大学，不要脱离群众、不要看不起知识分子、党员干部不要生活特殊化，要克服主观主义、宗派主义和官僚主义等方面，给党委提了一些意见。这是1957年5月27日，在中国人民大学党委召集的党外人士座谈会上，我根据"知无不言"的政策，提的意见。5月27日，在中国人民大学内部刊物——《人大周报》上，登出了我的"发言"（篡改了的发言）。其中说："不要不相信我们知识分子。搞的好，可以；不好，群众可以打倒你们，杀共产党人；推翻你们，这不能说不爱国，因为共产党人不为人民服务"。这段话不是我说的，歪曲了我发言的原意。我当天下午，到中国人民大学党委会要求更正。党委副书记、副校长聂真同志接见的我。当时我的性情有些急躁，我指着《人大周报》上登的那段话说：这不是有意诬陷我吗？聂副校长说：葛佩琦同志，你不要着急，共产党是实事求是的，登错了，可以更正。

6月8日《人民日报》以葛佩琦发表"反共言论"为标题，报道说："群众总要推翻共产党，杀共产党人；若你们再不改，不争口气，腐化下去，那必然走这条道路。总有这么一天，这也是合乎社会主义发展规律的；只空喊万岁，也是没有用的"。我从来没有说过这段话。《人大周报》刊登的我那个发言的全文中，也没有这段话，这段报道纯属捏造。我看到之后，当即给《人民日报》写了更正信。6月9日上午，我亲自送到人民日报社。（这封更正信，现在已查出，但费了很大力气）。

《人民日报》对我的更正信，只字未登，却连篇累牍地发表批判我的文章。例如：6月8日《人民日报》除刊登了上述那篇诬陷不实的报道外，还发表了《要跟葛佩琦划清思想界限》等三篇批判我的文章。6月14日《人民日报》以本报南京电、保定电、沈阳电，同时发表了三篇外地批判我的报道；这一天还发表了《葛佩琦的学生痛斥葛佩琦》的文章。6月15日登出某著名人士写的《我对葛佩琦的言论发表一些意见》……《人民日报》是党中央的机关报，这样不惜篇幅地发表批判我的文章，在社会上起了动员作用。所以全国大、小报刊纷纷发表批判我的文章，形成了一个批判葛佩琦的高潮，使我这个无名的老百姓，一时成了新闻人物，我真有点承受不了。

我葛佩琦和"杀共产党人"毫无关系，不但事实上没有关系，就是从上述那段诬陷不实之词的文法上分析，也不是我葛佩琦要"杀共产党人"。有人移花接木，硬把“葛佩琦”三个字和“杀共产党人”捏合在一起造成一个新的句子——“葛佩琦要杀共产党人”。这句诬陷不实之词，成了划我为“极右派”的主要依据，也是判我无期徒刑的主要“罪名”之一。这真是欲加之罪，何患无词。

2. 被判无期徒刑坐冤狱18年

在北京草岚子看守所

1957年12月24日深夜，我和孩子已经入睡，啪！啪!一阵敲门声，把我惊醒了。我开门一看，门外站着一位穿便衣、两位穿警服的人，有的还带着手枪。我让他们进了书房。他们问了我的姓名，然后拿出一张逮捕证，要我签字，我问为什么逮捕我？他们说：“你是反革命。”我说：“我自学生时代，就参加了革命队伍，为革命做了很多工作。”他们说：“有理以后再讲，你先签字吧。”我在逮捕证上签了字之后，他们拿出一副手铐，铐在我的双手上。他们就开始了查抄：检查了我所有的衣箱、书箱、抽屉、五屉橱等。当他们查到我穿着国民党的军装、骑在日本战马上照的一张相片时，他们如获至宝。他们中的一个人说：“这不是反革命的‘证据’吗？”其实，那匹日本战马是我在打游击时俘获的战利品，那套国民党军装是我做地下工作时穿的掩护服装。而今这些东西竟然成了反革命的“证据”，天下哪有这种道理？检查后，抄去家属的全部首饰和小儿的百日锁等财物，还抄去我的北京大学毕业证书、我打游击时写的一本日记、国民党军装两套、军装带两条以及那张我骑在日本战马上照的相片。查抄完毕，天已拂晓。我戴着手铐，扛着行李，上了公安局的吉普车，被押送进监狱。

我进的这个监狱，对外保密。我不知道它叫什么名字，只知道它在北京西安门附近的草岚子胡同，犯人们把它叫作草岚子看守所。尔后听说这个看守所的历史很悠久，原是国民党的北平军人反省院，关押过很多共产党员。刘澜涛、刘子久、薄一波、杨献珍等老同志，解放前都在这里被关押过。我进这个看守所时，里面关押的绝大多数是反革命犯。这个看守所的任务，是对犯人进行预审，侦查犯罪情况，做出预审结论（结案）。然后将全案移交检察院，提起公诉。法院根据起诉书，开庭审理。被诉人（犯人）与公诉人（检察员）进行辩论。法院以事实为根据，以法律为准绳，作出判决。判决无罪者，当庭宣布“无罪释放”；被判徒刑者，移送劳动改造单位执行。这是一般犯人进入草岚子看守所之后，必经的过程。

关押在草岚子看守所的犯人，没有生产任务。一日三餐之外，就是坐在监号的木板床上，反省检查自己的问题，以便提讯（过堂）时交代。每天除了放茅（上厕所）、夜风（跑步）之外，犯人不能出监号。关押在这里的犯人，不能接见家属；家属每月可以送一次生活必需的东西，如手纸、食盐、肥皂等。在监号里，手纸比钞票还重要。

现在谈谈我到草岚子看守所之后的情况。公安局押送我的吉普车直接开进草岚子看守所的大门。公安人员把我交给了看守所的管理员（看守）。管理员给我下了手铐。他说：小刀、钞票等物都不准带进去；你如果有，就交给我代你保管。我把兜里带的3元人民币交给他。他问：你是否买手纸？我说：买。他递给我一刀粗手纸和一张存款条，就把我送进监房，交给了监房管理员。我被关进了监号。这是一间约有10平方米的小屋，门窗都是铁的。门上有个宽约3厘米，长约10厘米的小孔，从外面可以看到里面，从里面看不到外面。这是专为监视犯人用的，名字叫作“窥孔”。靠窗户的一边有一个木床铺，可以睡5个人。监号的一角有个大尿桶，供犯人小便之用，放茅时就提出去倒了。我进监号时，里面已经关押了2个人，他们正在洗脸。我刚放好了行李，外面喊：开饭。管理员给我送来了一双竹筷子，两个粗瓷碗。那两位同学（在北京犯人之间互称同学，以后在山西监狱，犯人之间不准称同学）打了饭，每人一个窝窝头，一碗棒子面粥，一块萝卜咸菜。早饭后，指导员找我谈话，给了我一些开导。他说：“不要顾虑重重，只要坦白交代，仍有光明前途。”

第二天早饭后，一位女管理员在监房门口喊：“葛佩琦，出来！”我出了监号，她一挥手，要我跟着她走。她领着我出了监房院的大门，把我交给了一位武装战士。他把我带到了另一个院。这个院内有一排北房，开了五六个门，每个门旁都挂着“审讯室”三个字的牌子。我进了审讯室，看到坐在办公桌旁边的，正是前天晚上逮捕我时那位穿便衣的人。他让我坐下，并说：你刚进看守所，可能有些不习惯，过一段时间就好了。他问了我的简单经历和家庭概况。然后说：把你带到这里来，是为了弄清楚你的问题；国家的政策是“坦白从宽，抗拒从严”；你好好交代问题，就有前途。最后，他问我：有什么要求没有？我说：我爱人患心脏病，在西郊休养；我女儿因猩红热后遗症，住在儿童医院；她们不知道我被捕的情况，我想写封信给我爱人。他考虑了一会儿，对我说：可以，你写好了信，交给管理员，要他转给我，我代你发（按规定，没有结案的人，不准写信）。

1958年春节后，一位年轻的审讯员开始对我进行系统地审讯。先讯问我的历史经历，后讯问我的“犯罪情况”。当我谈到1938年我在河南商丘地区组织豫东抗日游击队时，审讯员问：“你组织游击队干什么？”我说：“抗日。”他一拍桌子说：“国民党是积极反共的，你会是抗日的吗？不要胡说！”当审讯员问我：“你在东北当‘国民党少将’，都干了些什么事？”我说：“我是共产党员，是党的地下组织派遣我打入国民党东北保安长官司令部，以‘国民党少将’名义为掩护，做地下工作的；我搜集了国民党的大量重要军事情报，报给我党地下组织。”审讯员怒声斥责说：“你是‘国民党少将’，你怎么会是共产党员呢？你这是公然污蔑共产党，这是审讯室，你要小心，你再这样胡说，就要罪上加罪。”这次审讯引起了我思想上的激烈斗争。我想，我如果再坚持我是共产党员，可能遭到严厉的、危险的惩处。于是“不要拿着鸡蛋碰石柱子”“好汉不吃眼前亏”“留得青山在，不怕无柴烧”，这些话就在我的脑子中起了作用。从此以后，我在被审讯时，不再说我是共产党员。审讯员给我的“写亲笔供词提纲”中，也没有要求写入党和做地下工作的情况。这第一次系统审讯共进行了36次，有时白天、黑夜连续进行，简直是精神折磨。

1958年秋，那位年轻的审讯员开始了对我的第二次系统审讯。这次系统审讯的内容和第一次系统审讯的内容基本上相同。在这轮审讯过程中，审讯员提出一个新问题：你出卖了共产党的哪些利益才当上“国民党少将”？我说：我不但没有出卖共产党的利益，我还给共产党做了很多有益的工作；抗战胜利后，党中央西安地下情报组织派我到东北做地下工作的，不是我一个人，而是一批人，只是我们这个情报小组就有四个人；以“国民党少将”名义为掩护的，也不是我一个人，和我在工作上取单线联系的李年，也是以“国民党少将”名义为掩护。这第二次系统审讯共进行了30次。

1958年初冬，审讯员交给我一份“写亲笔供词提纲”，其中没有关于我参加共产党和做地下工作的内容。审讯员要我根据提纲写“亲笔供词”。我很快地写好了，交上去。过了不久，审讯员告诉我：你的问题已经“结案”，听候法院开庭审理。对于一个坐在监号里，吃窝头，喝菜汤，经过漫长岁月的坐监人来说，一旦得到“结案”，也是一件喜事。

1959年2月下旬，北京市人民检察院分院送给我一份起诉书。管理员要我好好看看，准备开庭。起诉书的主要内容是：把我的革命历史诬为“历史反革命”；以1957年报刊上对我的那些诬陷不实之词为“依据”，诬我为“公开叫喊要杀共产党人和推翻人民政权”，要求法院对我“依法惩处”。

在开庭前两天，一位女管理员找我谈话。她说：“你的案子后天开庭，你是否请律师辩护？”我说：“我已经交代清楚了，用不着请律师辩护，由法院看着办吧!”那位管理员说：“请律师还得花钱，辩护，不辩护，都是一个样。法院是以起诉书为根据的。”

1959年3月4日早饭后，管理员打开监号门，叫我去开庭。我以为开庭要到法院，其实不是，法庭就在草岚子看守所。出了监房院的大门不远，到了看守所的另一个大院。院内有一栋座北朝南的瓦房，门上边写着“法庭”二字。庭内摆满了木制的长条椅子，但无人旁听。法庭的东头有一个审判台，上面坐着审判员、检察员、书记员、陪审员；审判台前面，站着几名法警。我进法庭之后，坐在一条木椅子上。

审理开始，审判员问了我的姓名、年龄、工作单位。然后由检察员宣读起诉书。读完之后，审判员要我陈述意见。我说：起诉书控告我的“罪名”概括起来可以分为两条：第一条控告我是“历史反革命”；第二条控告我是“现行反革命”。根据事实，这两条“罪名”都不能成立，现将理由陈述如下：

起诉书控告我为“历史反革命”的主要内容是说我“历充蒋匪要职，积极为敌效劳，长期充当蒋匪特务”。这完全是“颠倒黑白”，“混淆是非”。不错，我曾担任过“国民党军委会委员长天水行营少将特派员”“国民党东北保安长官司令部政治部少将督察”等，但这不是我的职务，而是我的掩护身份，是共产党领导人让我去担任的。在这些名义的掩护下，我曾策动大批汉奸部队反正，编入抗日部队序列；我曾掩护建立沈阳地下电台并搜集了国民党的大批重要军事情报，报给共产党。这些事实证明，我不是为敌效劳，而是为共产党效劳，为抗日战争和解放战争效劳。上述事实也证明，我不是“蒋匪特务”，我是接受共产党的派遣，打入国民党高级军事机关的地下情报工作人员。以上事实证明：我的历史是革命的，而不是反革命的。所以起诉书控告我为“历史反革命”的罪名是不能成立的。

起诉书控告我为“现行反革命”的主要内容是说我“借党整风之机，攻击诬蔑党的各项政策和政治运动，叫嚣要杀共产党人和推翻人民政权”。认定这条罪名的“证据”，都是从1957年报刊上抄下来的那些对我的诬陷不实之词。例如起诉书上引用的：“肃反搞糟了，统购统销搞糟了，老百姓把用豆饼做的豆腐叫作日本的混合面，人民生活提高的是过去穿破鞋进城、现在坐上小汽车的党员和干部”，“党员起了监督群众的便衣警察作用，因为党组织要他们做情报”，“今天党群关系和解放前相比，差了十万八千里。1949年共产党进城时，老百姓‘箪食壶浆’以迎王师，来欢迎；今天老百姓对共产党是敬鬼神而远之”，“共产党可以看看，不要不相信我们知识分子。搞得好，可以；不好，群众可以打倒你们，杀共产党人”等等。起诉书从报刊上引用的这些话，不是我的原话；报刊上发表这些言论时，没有经我同意，没有经我签字，是没有法律效力的，不能作为定罪的“证据”。这是第一点。第二点，毛主席多次说：“右派问题是敌我矛盾，我们作为人民内部矛盾处理”。既然把右派问题，作为人民内部矛盾处理，我在整风座谈会上的发言，就不能作为定罪的“证据”。根据以上两点理由，所以起诉书控告我为“现行反革命”，也是不能成立的。

综上所述，我既不是“历史反革命”，也不是“现行反革命”，请求法院依法宣告无罪释放。

检察员对我的答辩发表了不同的意见。陪审员说：请法院根据检察院的控诉和被告的答辩公正判决。审判员问我还有什么意见，我说：没有。审判员宣布：辩论终结，听候判决。退庭。

在北京市看守所

1959年4月中旬，政府把我从北京草岚子看守所送到北京市看守所。在这里被关押的大部分是判了刑的人，有反革命分子，也有刑事犯罪分子。这是一个劳改单位，被关押在这里的人，大都有生产任务。我被分配做折页子工作，即把印好的大张书面，按页码折叠成小张，以便装订成书。在这里，窝窝头成为激发劳动积极性的手段，产量高的，每人每餐4个窝头；产量低的，每人每餐3个窝头；没有参加劳动的，每人每餐2个窝头。白天劳动8个小时，晚上学习2个小时；学习的唯一要求是"认罪服法"。被判了刑的人，每月可以接见一次家属。

1959年6月29日，北京市中级人民法院对我的案件作出了判决。7月初我接到了判决书。判决的主文如下：

查被告葛佩琦历充蒋匪要职，积极为敌效劳。长期充当蒋匪特务，发展情报人员。并亲自搜集我军情报，报于敌特机关。参与镇压学生运动。多次诽谤我党，鼓动蒋匪帮反共反人民的反动气焰。解放后对其主要历史罪行又长期隐瞒，拒不向政府坦白。人民政府未念旧恶，给其安置工作，在人民大学担任讲师的重要职位。被告本应感恩自悔，痛下决心，彻底改造，重新做人，好好地为人民服务。但被告却相反，视人民对其宽大为可欺，死抱反动立场，坚决与人民为敌。乘党整风之际，即歪曲事实，颠倒黑白，向党和政府展开全面的进攻，竟公然叫喊要杀共产党人，要推翻人民政府。被告这些严重罪行，引起全国人民的公愤。故本院根据中华人民共和国惩治反革命条例……之规定，判决如下：

被告葛佩琦犯反革命罪判处无期徒刑，剥夺政治权利终身。

证物：匪（指国民党）军衔花八个、帽徽一个、证章三个、军服两套、军服带两条，全部没收。

读了这份判决书，我想起了草岚子看守所那位女管理员的话："辩护，不辩护，都是一个样。"这真是经验之谈。

对于这个判决，我曾向北京市高级人民法院、北京市人民检察院多次提出申诉，都被驳回了，好像这个判决是很“正确的”。这个判决究竟是正确还是错误，请看看21年后，即1980年北京市高级人民法院所作的再审判决吧！

接到判决后，我思想上发生了剧烈的波动。我想：我自参加革命以来，舍生忘死，打入敌人营垒，为国家为革命冒险犯难，奋力战斗，坚强不屈。而今蒙受如此奇冤，生死道路，何去何从?!我又想：我的革命历程，一步一个脚印，历历可数，有人作证；共产党是实事求是的，我的冤案总有一天会大白于天下。留得青山在，不怕无柴烧。这是我能含冤奋斗，度过18年冤狱的精神支柱。

1959年夏葛佩琦五个子女合影。彼时朱秀玲因病长期卧床，最大的孩子14岁，最小的孩子3岁

1959年7月下旬，我二哥葛畔瑜、四哥葛畔宫带着我的五个孩子，到北京市看守所探望我。这是我被捕后20个月第一次见到家属，我感到很高兴，但高兴中包含着无限悲伤！我二哥自小在家乡种地帮助我来北京读书，我每次来北京时，他总是用我们家养的小驴，驮着行李，送我到距我们村60里的兰村车站上火车。他现在的生活很困难，我不但不能帮助他，反而给他增加了累赘。从他的谈话中，可以听出，我的被捕，给他增加了很多忧愁！他再三劝诫我，好好改造，争取早日回家，抚育孩子。从我14岁的大女儿口中得知：由于我的被捕，她母亲朱秀玲的心脏病加重，不能下床。她在北京师范大学二附

小（现在的北京实验小学）毕业后，以优异成绩，被保送到北京师范大学女附中（现在的北京实验中学）。为了帮助她有病的妈妈照料弟弟妹妹，她上了一年，就休学了。看着嗷嗷待哺的小女儿，我心如刀绞！我为革命冒险犯难，舍生忘死，忠心耿耿，坚贞不贰。今天落得身陷囹圄，累及兄长，贻误子女。孰实为之？孰令致之？

我在北京市看守所关押5年之久，身体条件大为减弱，血色素最低到了3.5克，先后患过大便出血、肋骨结核，干部送我到公安医院治好了。1962年秋，我的右脚拇指生了一个毒疮，由于治疗不当，几乎造成小腿截肢，至今还留有腿脚麻木的后遗症。

在北京市第一监狱

1964年春，我被由北京市看守所转送到北京市第一监狱。这是一所古老的监狱，现在是一个大的劳改单位。内有织袜子工厂、塑料工厂、鱼竿车间等。我因为患病，未能参加劳动，长期住在监狱医院的病房。在这个监狱被关押的人，多数是被判长期徒刑的人。我利用住病房的时间写申诉。当时，正值该监狱对犯人进行冬训的期间，监狱长曾三次找我谈话，暗示我只要停止写申诉，就算认罪服法，可以考虑给我减刑。医院的刘院长也找我谈话。他对我说：你写的申诉“一文钱不值”（意思是说写申诉减不了刑）。他并叮嘱我：你趁着冬训期间，好好学习，认罪服法，是有出路的（暗示可能减刑）。在劳改单位，领导干部能对被改造者做出这样的暗示，是不可多得的，但我就是接受不了。写申诉，我一写就是几万字、十几万字；写“认罪服法汇报”，我只能东拉西扯写几百字。因为无罪可认，我也不愿欺骗政府。别人利用冬训期间写“认罪服法汇报”，我写申诉书。这次申诉，我共写了240页，约12万字，一位王队长用一寸多长的铜钉，给我装订成册，并说，他负责给我转呈上去。我的这份申诉转呈上去之后，也是石沉大海，杳无批复。

在山西大青窑煤矿

1966年“文化大革命”开始，北京市当局为了清理政治环境，准备把住在北京的“地、富、反、坏、右分子”，统统疏散到外地去。8月6日晚上，由各劳改单位集中到北京市第一监狱的500多名已经判刑的“反革命分子”，被押上铁闷子火车，沿路不停，专程送到山西省大同市以北的大青窑煤矿，我是其中的一个。大青窑是一个劳动改造单位，属山西省劳改队第四支队管辖。来到这里的被改造者，唯一的劳动任务就是下煤窑挖煤。我因为在北京看守所脚生毒疮造成的后遗症——腿脚麻木，走路还得架着双拐，所以没有下煤窑。大青窑在雁门关以北的塞北，气候寒冷，对我的腿脚麻木不利。劳改队的贾政委为了照顾我的病情，派干部把我送到太原第一监狱。因此在“文化大革命”中，贾政委被批斗，被调离原单位。

由大青窑到太原的火车上，我看到20多位中年妇女，头发被剪得七长八短，脸上被抹上一些灰，胸前挂着一块约20厘米宽、30厘米长的木牌子，有的写着“右派分子”，有的写着“坏分子”。据说她们是天主教的传教士、修女，被批斗后，从北京疏散出来。从而我联想到我刚到大青窑时，写给我在北京的二哥葛畔瑜一封信，被退回来了。信上面批着退回的原因：“收信人迁移新址不详。”当时，我很清楚我二哥没有条件“迁移新址”，为什么邮局把信退回了呢？甚为不解。看到那些被疏散出北京的妇女，我想到由于受我的株连，我二哥也可能被“疏散”出北京了。后来了解到：在我被押送到大青窑之后，我二哥的家被“红卫兵”抄了，我二嫂被打死了，我二哥被遣送回山东农村了。由于生活困难，无医疗条件，病故！

在山西省第一监狱

1966年8月下旬，我到了山西省第一监狱，地址在太原，对外叫作太原联保工厂。内有塑料、制铝、印刷、制鞋等车间，我被分配在制鞋车间劳动。这个监狱有很多从福建、浙江、广东、上海等沿海省市疏散来的犯人，所以管理很严。在“文化大革命”中，监狱属“军管”，红卫兵进不去。所以监狱里的犯人，除学习《毛泽东选集》《毛主席语录》《最高指示》联系思想，检查自己，过认罪关外，未受到外界的冲击，也未发生“武斗”。这真是“祸兮福所依”！

1968年秋，我的右眼患青光眼，眼压升高，疼痛难忍。一位针灸大夫误诊为偏头痛，用针灸给我治疗，耽误了正确的诊治时间。一位大夫确诊为青光眼，又借口“文化大革命”外面太乱，不肯送我到外面有眼科的医院去治疗。监狱的医务所没有眼科大夫，他让一位外科大夫给我做眼科手术。青光眼有些好转，但出现了后遗症——白内障。

1969年春，山西省第一监狱由太原迁到祁县。这里新修了一个劳改监狱，面积很大，在祁县城外，四面高墙，便于看守，犯人难以越狱逃跑。工厂区与犯人居住区分开，窑洞式的监房有20多排，每排可以住100多人。监狱周围，圈以电网，戒备森严。关押在这里的被改造者，几年都难以出大门一次。印刷车间有个犯人，把“毛泽东思想的伟大红旗”，排成“毛泽东思想的伟大‘黑’旗”，在“文化大革命”中被枪毙了。

1971年春，我右眼的白内障发展到看不清人了，左眼也患了青光眼。监狱医务所的那位外科大夫，又用针拨法，给我治疗右眼的白内障，效果并不好，但是可以照明看道。1973年秋，我左眼的青光眼发展到了严重的程度，眼压高到70mmHg。我写信给医务所张主任，要求送我到太原治疗，获得批准。

到了太原，住在公安医院（劳改医院）。该院没有眼科，转送我到山西医学院第二附属医院治疗。该院眼科的主任医师宛大夫亲自给我检查。他说：要立即做手术，否则，有失明的危险。当时病床十分紧张，沈大夫和丁大夫商量，设法给我安置了一张病床，要我住院。但是劳改医院的干部借口安全问题（怕我从附属医院跑了），不同意留下我住院。他们要求沈大夫在门诊给我做手术，手术后即用救护车拉回劳改医院。沈大夫说：做了抗青光眼手术，立即坐救护车，经过颠簸，效果不好。沈大夫不同意在门诊给我做手术。劳改医院的干部就用救护车把我拉回去了。

我左眼的青光眼在发展，心中十分焦急。我再次请求公安医院领导，送我到有眼科的医院做手术。1973年冬，劳改医院送我到山西医学院第一附属医院治疗。一位年轻的大夫接受了劳改医院干部的要求，在门诊给我做了左眼的青光眼手术。手术后立即用救护车把我拉回劳改医院，影响了手术效果。不但青光眼没有治好，眼压仍在50mmHg以上，还造成了后遗症——白内障。不得已，1974年秋天，又送我到山西医学院第二附属医院治疗。劳改医院的干部仍然要求沈大夫在门诊给我做青光眼手术。沈大夫说：你们既然坚持不同意把葛佩琦留在我们医院做手术，为了挽救葛佩琦的视力，我到你们劳改医院去给他做手术。你们回去和你们医院的领导商量一下，确定一个做手术的时间，通知我，我一定准时前去。过了约三星期，沈大夫来到劳改医院手术室，给我重做了左眼的青光眼手术。我左眼的眼压很快由50mmHg降到20mmHg。我左眼的青光眼算是好了，但白内障还在发展。

青光眼是一种损伤视神经很厉害的眼病。由于太原劳改医院的干部，在1973年秋不准我住山西省医学院第二附属医院眼科病房做手术，一直拖延到1974年秋，沈大夫主动到劳改医院，才给我做了手术。经过这一年多的拖延折腾，我左眼的视神经受到重大损伤。所以经过沈大夫手术后，眼压虽然降下来了，不疼了，但视力却降低了很多。

1975年12月，我在太原得到宽大释放，在回北京之前，我专程到山西医学院第二附属医院去拜谢沈大夫。不巧，他出差了，我甚感遗憾！1986年，沈大夫看到上海《文汇月刊》1985年第6期上，刊登的叶永烈同志写的《泪人恨——葛佩琦传》之后，他写了一封信给我的家属（因他不知道我的通信处）。其中谈到当年他到太原劳改医院给我做手术的情况。现在摘抄两段如下，请读者看看在“文化大革命”时期，一位医德高尚的大夫，要坚持医疗原则，给一个“劳改犯人”做手术，是多么困难啊！

沈大夫的名字是沈述约。他原是青岛医学院毕业生，1958年调到山西医学院第二附属医院眼科工作。1979年调回青岛医学院附属医院眼科。下面是沈大夫在信中写的到太原劳改医院给我做手术时的情况：

情况是这样：我原在山西医学院第二附属医院眼科，1973年秋，我接到劳改医院通知，叫我在二院门诊给“犯人”葛佩琦做抗青光眼手术。我不同意。我说：在门诊做了抗青光眼手术后，用救护车拉回去，就可能影响手术效果。要做，就住二院眼科病房做。劳改医院的干部不同意。时隔一年多，劳改医院第二次通知我在二院门诊给葛佩琦做抗青光眼手术。我仍然不同意。我对劳改医院的干部说：你们既然不同意让葛佩琦住二院眼科病房做手术，我就到你们劳改医院给他做手术；你们回去定个时间，通知我，我一定去。过了一段时间，他们通知我去劳改医院。当时对病人未能做详细检查，也没有能做手术前的必要处理，即手术，这一做法，对于一个多年来的眼科工作者来说，是未遇到过的。可是当时的处境是没有办法的。

在我得到要到劳改医院给葛先生做手术的通知时，当时我的邻居是山西省中医研究院放射科主任蒋维祥大夫。我告诉他，我要去劳改医院给葛先生做手术。他还再三叮嘱，一定要做好手术。我说：一定争取做好手术。给葛先生做完抗青光眼手术，他下了手术台（正常情况下，应是用手推车送回病房，劳改医院是让葛先生走回病房的），向我鞠了一躬，并说："感谢毛主席！"我们两人连握一下手都不能，站在旁边有公安人员。手术以后怎样治疗，我一点也不清楚了；怎样观察病情，用药是否妥当？我全不知了。1976年初，我去大同给空军检查体格，得知葛先生由太原回北京了，而且回家前还去二院找我告别。这是同事转告我的，因为我不在，情况是否这样，我也说不准。这之后，我牵挂的是他的眼病。因为青光眼是最多致盲的病因之一，在正常环境下手术，也不敢说成功，更何况当时条件是那样差，手术前连检查一下都没有，即手术。

现在我来谈谈沈大夫在信中提出来的手术后的治疗情况：手术是上午10点左右做完的，我走回病房，躺在床上，中午没有吃饭。下午一位外科大夫来看了看，问我：疼不疼？我说：现在还不太疼。他给了我几片止痛片，并说：疼了就吃。根据我过去做青光眼手术后的经验，我问那位大夫：青光眼手术后，不是要点消炎药和降眼压的药吗？不是还要打消炎针吗？大夫说：公安医院没有眼科，没有点眼的药品，我让护士给你打青霉素针消炎。过了一会儿，护士来给我打青霉素，带来一支治皮肤病用的四环素药膏。他说：大夫要你用这支药膏点眼，每4小时点一次。晚饭我吃了一个窝窝头。夜间，手术刀口疼得厉害，我要求打止痛针。值班的护士说：值班大夫睡觉了，你先吃止痛片，天亮再说吧！这个病房住了约有20名病号，患有不同的疾病。大夫每天来查病房时，也顺便问问我的刀口疼不疼了，没有专管我的大夫。因为劳改医院没有眼压计、裂隙灯、暗室等仪器设备，不能量眼压，也无法检查青光眼手术后的病情变化。

依照党的"救死扶伤实行革命人道主义"政策，"劳改犯人"有了病，是可以住到社会上的医院做手术的。只要劳改单位派一位管理人员陪住，就可解决安全（逃跑）问题。例如，我在北京市看守所患肋骨结核时，就是由一位管理人员陪同，住在社会上的医院做的手术。我不知道山西劳改医院根据党的哪条政策不准我住到山西医学院第二附属医院眼科病房做青光眼手术？劳改医院的大夫既然知道该院没有点眼用的药品，手术后，为什么不请沈大夫开处方，派人到沈大夫所在的医院，把点眼所需用的消炎药、降压药（如绿霉素点眼水、毛果云香硷点眼水等）取来？而要用治皮肤病的四环素药膏作代用品？这是负责的救死扶伤的大夫应有的态度吗？沈大夫在信中说："手术前连检查一下都没有，即手术。"为什么手术前没有检查一下？因为劳改医院没有眼压计、裂隙灯、暗室等设备，不具备做青光眼手术的条件，无法做手术前的检查。当时太原公安医院（劳改医院）的领导明知该院不具备做眼科手术的条件，而通知沈大夫来给我做青光眼手术。这究竟是认真落实党对"劳改犯"的医疗政策？还是敷衍塞责，应付差事？医院领导的差事倒应付过去了，我的眼睛却快瞎了（只有0.1的视力）。

时隔十多年，我之所以不厌其烦地叙述1973年秋至1975年春，我在太原劳改医院治疗青光眼的经过，是希望从中吸取教训，不再使今天的"劳改犯人"蒙受像我当年蒙受的这种不应有的视力损伤！

八、一唱雄鸡天下白

1. 减刑

1975年3月，我由太原公安医院，回到祁县山西省第一监狱。当天晚上队长给我送来一张减刑裁定书，经山西省高级人民法院裁定，将原判无期徒刑改为有期徒刑15年。对于一个被关在监狱的人，这当然是一件很高兴的事。

在监狱的减刑幅度，一般是从无期徒刑减到有期徒刑20年（这是法定的有期徒刑的最高年限）。从无期徒刑一次减到有期徒刑15年的为数不多。我为什么一次能得到这样大幅度的减刑？我不知道。我只想谈谈我在监狱里所持的态度。新中国成立前我坐过两次国民党的监狱，新中国成立后坐的是共产党的监狱。我是否应该用对待国民党监狱的态度来对待共产党的监狱？这是我被判刑坐监后，首先考虑的问题。国民党的监狱是敌人的监狱，破坏敌人的监狱是革命工作者的任务之一。所以共产党员被关进敌人监狱，对监狱应持破坏态度。例如，进行绝食斗争要求改善生活，发展秘密组织，鼓动犯人闹事、逃跑……以至发动全体犯人越狱暴动。共产党的监狱是社会主义社会的一部分。如果破坏了共产党监狱的秩序，也就是破坏了社会主义社会的秩序。所以一个共产党员即使因冤案被关进共产党的监狱，对监狱秩序也应采取维护的态度。例如，带头遵守监规纪律，帮助不识字的犯人学习文化完成生产任务等等。对于一个共产党员来说，坐敌人的监狱要经得住考验，坐共产党的监狱也要经得住考验。

判决书判我为“历史加现行反革命”，那是审判员的错误。造成这种错误的原因是多方面的，在那种“运动压倒一切”的形势下，也很难做到公正执行法律。例如，“文化大革命”期间，我党的一些老一辈无产阶级革命家，也难免“牢狱之灾”，就说明了这一点。不管判决书上的错误是怎样造成的，错误还是错误。实践是检验真理的标准。根据我的革命实践，我坚决自信我是一个忠诚于党的共产党员。共产党是实事求是的，我的冤案总有一天会大白于天下。过去我经得住国民党监狱的考验，今天也要经得住共产党监狱的考验。于是我决定对监狱秩序采取维护的态度。

被关进监狱的人，第一关是“认罪服法”，这一关不很好过。有些对判决和事实有出入的人，常常想不通，采取了消极态度和错误做法：如消极怠工，散布不满情绪，破坏监规纪律，甚至越狱逃跑等等不法行动，结果被关禁闭或加刑惩处。我是一个无罪被判无期徒刑的人，看来我对“认罪服法”这一关是很难闯过的，但我却依法过了这一关。党的政策是“绝不放过一个坏人，也绝不冤枉一个好人”。国家法律规定：如果判决和事实不符，当事人可以向人民检察院或上级法院提出申诉。根据党的政策和国家法律，我多次向政府提出申诉，详细陈述事实经过，有一次申诉我写了12万字。我在申诉中多次表示：如果政府查清事实，我绝对服从裁决。这样，对“认罪服法”关，不过而自过。对监规纪律我带头维护，我每月超额完成生产任务；我主动帮助被关押的人学习《毛泽东选集》，学习文化，并帮助他们写学习心得和家信。我自己也每天坚持学习革命文献，例如，我不但通读、精读了《毛泽东选集》一至四卷，我还能背诵《实践论》《矛盾论》《论人民民主专政》《在延安文艺座谈会上的讲话》等几十篇毛主席著作和《毛主席诗词》《毛主席语录》。我通读了《马克思恩格斯选集》等著作。在太原住医院期间，我还坚持每一季度写一篇学习心得，寄给第一监狱我所在的中队指导员。我想以上这些，可能就是我得到大幅度减刑的原因。

2. 出狱

从无期徒刑减到有期徒刑15年，我虽然很高兴，但屈指一算，再过15年就是1990年，我已经是79岁的人了，是否还能活在人世，处于两可之间。于是我决定把减刑作为新的起点，争取早日出狱。如何争取呢？当时我还是把早日出狱寄希望伟大正确的共产党有一天能查清我的革命历史，把被颠倒了的历史再颠倒过来。但在那种“文化大革命”恶浪滚滚的年代，党的一些老领导都被关进了监狱，还有谁敢过问我的冤案？看来，只有乞求上帝给我延年益寿，以便我在有生之年出狱，看看我为之奋斗了大半辈子的社会主义社会的美好景象！

祸自天降，福自党来。一唱雄鸡天下白。1975年12月1日早6点，中队长找我谈话。我进到他的办公室，他把我的存款折交给我，并说：你赶快回监号捆好行李，等着坐汽车去太原。我回到监号还未捆好行李，值班员通知我，快到大伙房去吃饭。红烧猪肉白面条，尽量吃（平时是限量的）。8点钟，有一辆电瓶车把我送出监房大院，到了大礼堂门前。那里已经有七八十名犯人，还有几辆大型客车。大家进了大礼堂，监狱政委讲话。他说：送你们到太原去学习，与你们的前途有很大关系，沿途要服从命令听指挥。到太原的目的是什么？坐在汽车上，大家还在猜测。下午4点多钟，到了太原，住在一个劳改单位——太原石碴场。这里已经集中了从山西各劳改单位来的数百人。此地消息比较灵通，传说学习完了，就要进行“特赦”。到了晚上，山西劳改局的王处长到各监号和大家见了面，并说了“招待不周”等客气话。这是在劳改场合很少听到的话。大家的伙食也由窝窝头改成白面馒头。白天，大家可以在石碴场的大院内随便活动，但不能出大门。晚上，监号的门也不上锁。

第三天上午召开了大会，山西劳改局的王书记讲了话。他讲的主要内容是国内外的大好形势，并布置了几个与形势有关的学习文件。他最后说：目前的大好形势与你们的前途有密切关系，你们要好好学习。

12月13日下午，又召开了全体来太原学习的人员的大会。劳改局的王书记在会上总结了大家对形势学习的情况，并宣布：政府即将对你们进行宽大释放。大家掌声雷动，欢欣鼓舞，喜形于色！王书记随即宣布了几项政策：（一）除北京、天津、上海三大城市外，被宽大释放的人，凡是有家可归的，都可以回原籍。（二）无家可归的，由政府分配到劳改就业单位就业，享受国家职工待遇，3个月以后定级。（三）要求回北京、天津、上海三大城市的人，必须具有下列三个条件：第一，原职务级别属于国民党少将以上或伪省政府、伪省党部委员以上；第二，在要去的大城市内必须有常住户口的直系亲属接收；第三，必须得到要去的大城市公安局同意。（四）愿意去台湾的，政府提供方便。会后，劳改局给来太原学习的人换发了新的被服。

12月15日上午，宽大释放大会在太原寨沟煤矿大礼堂举行。主席首先宣布：第四届全国人民代表大会常务委员会第二次会议决定，对在押的原国民党县、团级以上的党政军特人员全部予以宽大释放。根据这一决定，现在宣布：对你们全体人员予以宽大释放。顿时掌声雷动，经久不息。在这次大会上，得到宽大释放的约有七八百人，发给每人一张宽大释放裁定书和一张入户证。我以“国民党少将”身份，也领到一张宽大释放裁定书和一张回北京的入户证。裁定书上写明予以公民权。最后，有一位省级领导讲话。他首先向大家致贺，并宣布发给每人人民币100元，作为零用。大家鼓掌表示欢迎。

会后，政府招待全体被释放人员会餐，每10人一桌，每桌有一位干部作陪，饭菜丰盛，气氛融洽。下午，全体被宽大释放人员，由石碴场监房搬到了场外新搭起来的几排活动平房，完全脱离了监狱生活。不久，又搬到了寨沟煤矿新建成的干部宿舍。

3. 回北京

被宽大释放的人员，一批一批地走了。有的由家属接走了，有的由干部送走了。到1976年春节之前，山西本省的被宽大释放人员，绝大部分都走了；外省的宽释人员，也相继离开太原。根据劳改局王书记在大会上宣布的政策和我本人所具备的条件，大家估计我会是第一批回北京的。但北京的被宽释人员，已经走了几批，劳改局的干部还没有找我谈回北京的事，我有些不解。我到劳改局询问原因。一位科长说：早已把你的情况通知了北京市公安局，至今尚未接到回信，我再向北京打电话问问。问的结果是：我的原工作单位已经被撤销，没有接收单位，难以解决住房和工作问题，所以北京有关方面不同意我回北京。

几经交涉，我女儿向北京市公安局写了一份保证书，保证我回到北京之

1976年夏朱秀玲与五个子女

后，不向政府要求住房和工作，有关方面才同意我回北京。山西省劳改局派了干部和护士各一人，于1976年3月26日，把我送回北京，住在崇内旅馆。北京市公安局的一位干部找我谈话。他说：原准备把你安置在山西。由于你女儿的要求，才同意你回北京；住房由你女儿解决，你每月可以到东城区街道办事处领生活费18元。他打了一个电话给我女儿。不久，我女儿和我儿子来到旅馆。那位干部对我女儿说：你去叫一辆出租汽车，把你父亲送到你给他找好的住处，汽车费可以到公安局报销。我和女儿上了汽车，一直开到北京北郊清河镇附近的一个农村。我女儿在这里给我向一位农民朋友借了一间房子，我侄女正在给我安置床铺，这就是我回到北京的新居。

当时，摆在我面前急待解决的问题有三个，即户口、粮票、住房。那时的北京，还是"四人帮"统治的天下，事情很难办。我拿着山西省公安厅发给我的北京入户证，到派出所报户口。派出所的户籍员问：你住在什么地方？门牌是多少号？我说：我前天刚回到北京，暂时借住在朋友家中，我自己还没有住房。户籍员说：户口、户口，必须有住房，才能报户口。你还没有住房，没有门牌号数，我们无法给你报户口，你先到房管局租房子去吧。我到了房管局，要求租房子。房管员说：你拿出户口本看一看。我说：我刚回北京，还未报户口。房管员说：我们是北京市的房管局，你没有北京市的户口，即使有房子，也不能租给你。我拿着太原市粮食局发给我的转粮食关系证明，到北京市粮食局领粮票，粮食局的同志说得更干脆：你先拿户口本来领粮食本，再拿粮食本领粮票。我住的郊区农村离城约有20里，我的视力又不好，为了解决这三个小问题，几乎每天都要克服困难，跑个来回。我上访过北京市政府、市公安局、公安局东城分局、交道口派出所、市房管局、东城区房管局、交道口房管所、市粮食局、东城区粮食局、街道办事处等等机关。费时三个多月，这三个问题都没有得到解决。

后来，我听说这次宽大释放原国民党在押人员的文件，是由中央统战部和国家公安部发出的。于是我到中央统战部上访。接待的同志说：我们统战部只管政治，关于生活安置问题，由公安部和北京市负责。我又到公安部上访。我说明来意后，接待的同志说：政府既然让你回来，北京市就得让你吃饭，不管别的问题怎样解决，粮票问题总得先解决。他要我写了一份材料，由公安部转给北京市公安局。过了一段时间，我到北京东城区区委统战部上访，谈了公安部的意见，要求解决粮票问题。东城区委统战部负责人于水旺同志热情地接待了我，并接受了我的要求。他当即打电话给公安局东城分局，建议每月先借给我粮票，以便生活。东城分局同意了。我到该分局见到一位魏同志，他约定9月10日陪同我到粮食部门，办理借粮票手续。9月9日，毛主席逝世，北京各机关都忙于办丧事，我的借粮票问题也延期了。9月下旬办妥借粮票手续，每月可以从北京东城粮食局借到粮票28斤。每月18元人民币的生活费和28斤粮票，这是我回到北京后的唯一生活来源。

1976年10月，“四人帮”被打倒了，形势开始好转。东城区委统战部与东城分局研究决定，给我单位户口，报在我女儿的住处。这样解决了我的户口问题，我成为北京市的正式公民。

剩下的一个问题是住房问题。东城区委统战部虽然已经和房管所联系了关于我的住房问题，我自己也多次往访房管所，回答总是说：没有房子。1977年1月8日，我写了一封悼念周总理逝世一周年的信，寄给了当时担任全国人大常委会副委员长的邓颖超同志。信中谈到我当时的困难处境——我回到北京将近一年，仍流落在京郊农村中，没有个安定的住所。邓大姐把我的信转给了东城区委。2月下旬，东城区委统战部通知我去看房子。这是一间8平方米的小平房，坐落在北京东城区交道口东大街96号的大杂院内。我到房管所办了租房手续，于1977年3月8日，搬进这间小平房。我命名这间小屋为“九六陋室”。虽然是陋室，却是我的发祥地。我读书、睡觉、做饭、写申诉、接待新闻记者……都在这间小屋里。我在这里向党中央、国务院的有关单位写了100多份申诉（其中包括胡耀邦同志批的那封申诉信），接待了几位新闻记者，我的冤案便大白于天下。我在这间小屋里还辅导了6名高中毕业生考入了大学，其中的一名还在美国得到了博士学位。

现在介绍一下大院的情况。这个大院共住了16户，有14户是工人家庭，有一户男的是中学老师，女的是工人师傅，他们对我都很照顾。特别是和我住隔壁的李学俭师傅，他是河北省吴桥县人，在南口暖瓶厂工作。他看我生活困难，主动要借钱给我，我婉言谢绝。安炉子、挂蚊帐等我做不了的家务活，他主动帮忙。他家改善生活，他的老伴赵同志总是送给我一份。当时我的视力很差，烧蜂窝煤对不上眼，他女儿炳芬，儿子炳洲、炳海轮班给我生炉子、封炉子。大院内没有厕所，要到大门外小胡同上公共厕所，晚上我看不见路，由炳洲或炳海领着我去。张梅芬同志是大院里唯一的一位共产党员，她参加街道工作，常动员我去听政策性的传达报告；我有病住医院时，她让她的爱人李国强师傅带着水果去看我。大院附近有三位青年工人，听说我搬进了大院，主动来看望我。他们的名字叫马长辉、赵端钧、刘汉如。他们热情诚恳、慷慨义气，帮助我解决了很多困难。例如：我的视力不好，不能誊清我向各有关单位写的100多份申诉材料，都是由马长辉同志代我誊清的。他白天上班，夜间誊写，每次都按时写好，字字楷书，一字不错。赵端钧、刘汉如两同志经常帮我料理家务活，如换煤气、买蜂窝煤、送文件、看病等等，从不嫌麻烦。赵端钧同志的爱人杨同志，每逢过节，总是约我到她们家改善生活。刘汉如看到我在小屋里蒸窝窝头，转身就出去买回一饭盒包子来……这是我回到北京结交的几位青年朋友。有一次我到北京陶然亭甲8号中共中央、国务院联合接待站上访，遇到一位全超凡同志，他看我视力不好，主动帮我填写了登记表，并把我送回我住的地方，以后他多次协助我到中央组织部、最高人民法院、最高人民检察院等单位上访，对我争取平反，起了积极作用。

1977年暑假是打倒“四人帮”后高等院校第一次恢复统一招生，有七八名高中毕业生来找我给他们辅导功课，结果有6名考上了大学。我还修订出版了《自然常识问题解答》（物理部分）。

九、党组织为我雪沉冤

1. 三中全会的英明决策给我指明方向

国家“宽大释放”了我，并且给了我公民权。我在社会上，应该和其他公民享有同样的政治待遇。但事实不然，由于“文化大革命”遗留下来的那种极端“唯成分论”流毒，我在政治上仍然受着歧视。例如，在我搬进交道口东大街96号大院之前，有关单位派干部到那个大院做了安排。他们对老住户说：有一名“老右派”“国民党少将”“特赦释放的犯人”，要搬到那间小空房里住，你们要提高警惕，划清界限，“千万不要忘记阶级斗争”。这种政治压力，使我如重负在肩，喘不过气来。

1978年4月4日，中共中央发出〔1978〕11号文件。其中宣布：“全部摘掉右派分子的帽子”。“右派分子”固然感到高兴，但这些人的社会地位和物质待遇并没有得到改善。例如我本人每月仍然只拿18元生活费，不能恢复工资待遇。社会上的人士对这个问题看得更清楚。有人说：右派问题是个实质，不肯定是否划错了，只是摘掉帽子，并不能改变其实质。所以他们把摘掉帽子的“右派分子”叫作“摘帽右派”。

1978年9月23日，中共中央发出〔1978〕55号文件。其中宣布对被错划的右派分子予以改正的政策。这是一个彻底解决“右派分子”问题的重要文件，使我受到鼓舞。我决心根据党中央的这个政策，争取改正错划我为“右派分子”的决定。找谁改正呢？问题是中国人民大学搞错的，我当然要先去找中国人民大学。我第一次往访中国人民大学，问题没有得到解决。不得已，我去拜访成仿吾校长。成老询问了我的情况，并说：我把你的报告转给人事处。当时中国人民大学刚刚复校，正在从各方面往回调人。我想我的“右派”问题和工作问题，可能同时得到解决。

过了几天我到人事处去询问处理结果。一位干部回答说：你的报告转来了，但成校长没有在上面批一个字，我们无法处理。我的希望变成了失望。

1978年12月22日，报纸发表了《中国共产党第十一届中央委员会第一次全体会议公报》。其中决定：对冤假错案采取“实事求是，有错必纠”的方针，予以平反。学习了这个文件，我精神振奋！我决定依据这一英明方针，上访中央组织部，请求恢复我的党籍，平反我的冤案、错案。

2. 上访中央组织部

12月25日，我到中央组织部信访处接待站上访。那里已经排了长长的上访队伍。我领登记表时，干部问我叫什么名字，我说：我叫葛佩琦。立刻有几位上访人员围拢上来，问长问短。有一个人说：没想到你还在人间！干部发给我一张登记表和一个接谈号码。按这个号码，我须等到第三天，才能被接待谈话。有一位上访人员对我说：我的号码一会儿就可接谈，咱俩换一换号码，你先去接谈。我以十分感激的心情和他换了接谈号码。当干部叫到这个号码时，我把号码和我填好了的登记表一同交给了干部。干部看了看登记表，并问：你是1957年的葛佩琦吗？我说：是。他说：你先到外面等一等。我心中有些嘀咕：我这个1957年的“右派”，到处受歧视，难道上访也受歧视吗？过了一会儿，那位干部又叫我进屋。他说：我打电话和上级联系了，由领导干部接见你，你到前门传达室去吧。旁边的上访人员有些奇怪，他们说：只见过到前门上访，被指派到后门（信访处）接见，没见过到后门上访，被指派到前门接见的。有人接话茬说：这是胡耀邦当组织部长的新措施。

我到了中央组织部前门传达室。这是两间坐北向南的房子，光线充足，室内清雅，东头摆着一张办公桌，周围摆着沙发椅子。传达室的同志和颜悦色，彬彬有礼，让我在来宾登记簿上签了名。她一面请我坐下，一面打电话。约有10分钟，从办公大楼来了一位干部，请我到了会客室。先给我倒了一杯茶，然后问了我的住处和简单情况。她说：领导接见你，但今天领导开会去了，请你后天（12月27日）上午来吧。

12月27日上午8点，我到了中央组织部。经过电话联系，王子冀同志接我到了楼上会客室。他说：宣教干部局郝局长接见你。等候片刻，郝局长来到会客室。他一进门就和我热烈握手，并称呼我为“葛佩琦同志”。这是多年来，我第一次听到干部称呼我为“同志”，我心情激动，感到温暖！唤起了我作为共产党员的光荣感！因为在监狱被关押的人，不准称呼“同志”。偶有不慎，称呼“同志”是要受到批评的。今天来到党中央组织部，获得如此荣誉称呼，我感到这是对我的政治关怀，解除了我多年由于在政治上受压抑形成的自卑感。

郝局长询问了我是怎样出狱的和回到北京的情况，之后他说：胡耀邦同志对平反冤假错案极为关怀，你有什么要求可以尽量提出来，不要有顾虑。我陈述了我的历史经历和蒙冤情况之后，提出三点请求：（一）请求恢复我的党组织关系；（二）请求改正错划我为“右派”的决定；（三）请求彻底为我平反冤案。郝局长说：你把你要求解决的这些问题，写给我一份材料，我批给中国人民大学，进行复查，予以处理。他并说：你最好先要求改正错划右派，因为不改正错划右派不能恢复党籍。我又问：我打入敌人营垒做地下工作，都是党组织派遣的，一步一个脚印，有人证可查，就是在“肃反运动”中，也无人提出异议；为什么在反右运动中，突然被逮捕了呢？郝局长说：这个问题也要去问人民大学。过了1979年元月不久，我将写好的材料送给了中央组织部郝局长。

1979年4月初，我到中国人民大学询问对于我的“右派”问题的处理。见到了右派摘帽办公室负责人。他说：中央组织部已经转来了你的申诉材料，我们正在进行复查。我告诉他：1957年5月27日《人大周报》登出了我的“发言”，歪曲了我发言的原意，我当即向党委作了更正，党委副书记聂真同志接见的我。同年6月8日《人民日报》刊登出的我的那个“发言”，与我的原发言完全不相符。我于6月9日写信给人民日报编辑部，要求予以更正。按中央宣布的政策，我更正过的那些“发言”，不能作为划右派的依据。他说：我们研究研究再说。

1979年11月12日，中国人民大学党委派人给我送来了《关于葛佩琦右派问题的复查结论》。由于根据的仍是1957年报纸上刊登的那些对我的诬陷不实之词，因此《复查结论》还是说我“不属于错划，不予改正”。我当即表示：我不同意这个“复查结论”，我要继续申诉。

第二天我拿着那个“复查结论”和1957年《人大周报》上刊登的我的那个“发言”，到北京市法律顾问处咨询。律师问我：报纸上刊登你的那个“发言”之前，是否征求过你的同意？你是否在报纸要发表的那个稿子上签过字？我说：报纸上刊登我的那个“发言”之前，没有征求我的同意，我没有见过那个稿子，当然我也没有签字。不仅如此，而且我看到《人大周报》登出的那个“发言”之后，我立即到人民大学党委会作了更正，有人证可查。然后那位律师说：报纸上刊登的那些没有经你签字同意的“言论”，是没法律效力的，不能作为划右派的证据。你更正过的“言论”，不应作为处分你的依据。

依据北京市法律顾问处的答复，我又开始了新的一轮上访和申诉。当时在党中央和国务院负责解决右派问题的部门有中央组织部、中央统战部、国务院、公安部等五个部。我多次上访各有关部门并向各部门领导写申诉。各部门接待的人员都说：“复查结论”已经有关方面批准，我们不便过问了。有的人表示：阻力太大，爱莫能助。经过几个月的上访，我跑遍党中央和国务院的有关部门，没有任何效果，已经到了山穷水尽的时候。好心的亲友也劝我说：官高一级压死人，不要白费力气了。但我坚决相信共产党是实事求是的，实践是检验真理的标准。于是我决心开始第三轮上访和申诉。我第三次轮流上访有关各部门，到了中央组织部，一位年轻而有政策水平的接待同志对我说：你的问题已经定性了，没有中央指示，难以起死回生。这是对我的一点重要启示。

3. 上访党中央总书记胡耀邦同志

1980年4月2日下午5时，我到胡耀邦同志家中上访。（关于这次上访的详细经过，在拙作《总书记批阅的第二千零一封人民来信》〔1985年11月17日《人民日报》（海外版）〕中作了叙述。为了联系上下文，在此只作简单介绍。）他的家住在北京东城的一个胡同，胡同里没有便衣巡逻，大门口没有武装警卫。红漆大门上有个电铃，我一按电铃，出来一位警卫员。他问我找谁？我说：我来拜访胡总书记。他转身就回去了。接着出来一位干部，他问我有什么事？我向他通报了姓名和说明来意。他说：我知道你的名字，你带着材料吗？我说：带着。我就把一封约500字的申诉信交给了他。他说：耀邦同志正在会客，没有时间接见你。今晚我一定把材料代你转上去，明天下午5点，你来看处理情况。

次日下午我按时前往。一按电铃，那位干部出来了，他交给我一个印着红框的大信封，并说：你拿着它到中央组织部去见陈野萍副部长。时近黄昏，我的眼睛有些看不清了。我拿着信封转回家，在电灯下一看，信封是用红铅笔竖写的：左边写的是中组部，中间写的是陈野萍副部长，右边是胡耀邦签字。我打开信封一看，耀邦同志在我的申诉信上作了指示。

第二天上午我拿着耀邦同志的指示，到了中央组织部。陈副部长的秘书任小彬同志接见了我。他说：陈副部长到中央书记处开会去了，你的问题如何解决待陈副部长决定。任秘书把他的电话号码告诉了我，并说：有事电话联系。过了两天我打电话给任秘书。他说：陈副部长已指定专人接见你，并确定了接见的时间和地点。我按时前往，见到干审局的一位局级领导。他说：中国人民大学的“复查结论”认为划你为右派分子“不属错划”，你为什么不同意？我说：人民大学的这个“复查结论”是以1957年报纸上刊登的那些对我的诬陷不实之词为依据得出来的，那些话不是我说的，报纸在刊登之前，没有以我签字同意，是没有法律效力的。根据没有法律效力的话作出的“复查结论”，我当然不同意。那位领导又问：你说你没有说那些话，你有什么证据？我说：我有人证和书证。1957年5月27日，《人大周报》登出那些话之后，我就到人民大学党委会作了更正。党委副书记、副校长聂真同志接见的我。1957年6月8日，《人民日报》刊登出那些诬陷我的话，6月9日我就写信给人民日报社要求予以更正。那位领导最后说：对于你提出的问题，我们指示有关方面重新复查，查出来材料和你见面。

1980年7月下旬，中国人民大学右派摘帽办公室让我看了复查出来的材料，其中就有1957年6月9日我写给人民日报社的那封更正信。我将那封更正信抄录下来，分别寄给了党中央和北京市委等有关单位。关于我的错划右派改正问题，又提上了有关单位的议事日程。

4. 错划右派得到改正

经过重新复查，虽然已经查到了1957年6月9日我写给人民日报社的更正信；原人民大学党委副书记、副校长聂真同志也写出证明材料，证明1957年5月27日《人大周报》歪曲了我的发言之后，我曾到党委会作了更正。但我被错划右派问题，并没有很快得到改正。我根据党的“实事求是，有错必纠”的方针，继续上访中央各有关部门和北京市委，要求纠正不符合事实的“复查结论”。这一轮上访，得到中央有关部门的同情和支持。

国务院参事李逸三同志，原是中国人民大学人事处处长。1957年我在人民大学党外人士座谈会上发言时，他就坐在我的身旁，他还记得我发言的内容。他对有关方面迟迟不给我改正错划右派问题，很有意见。1981年夏天，李逸三同志以国务院参事身份，向国务院总理写了一份材料，汇报关于我被错划为右派的情况。这份材料经国务院办公厅、中央办公厅转到北京市委。据说，市委一位领导同志在这份材料上指示：再议一议。市委又派专人往访聂真同志、李逸三同志，进行了调查。当时的中国人民大学党委领导、副校长张腾霄同志也主张对我的“复查结论”重新进行研究。

1982年3月18日，中国人民大学党委派人给我送来了《关于葛佩琦同志1957年反右运动中问题的复查结论》。其主要内容是：“对葛佩琦1957年划为右派分子问题，进行复查，予以改正。撤销1957年划葛佩琦为右派分子的决定，恢复政治名誉，从1978年10月起恢复原高教6级工资待遇。”

这个复查结论中只说，“对葛佩琦1957年划为右派分子的问题，进行复查，予以改正”。复查的结果如何？是否划错了？对这个本质的问题，复查结论中没有说明，这是一个遗留问题。1985年夏天，报纸上刊登了关于解决平反冤假错案遗留问题的办法。依据这个办法，我于1985年6月14日向北京市委提出申诉，请求解决复查结论中遗留的上述问题。1986年2月6日，中共北京市委办公厅通知：“葛佩琦同志在1957年被划为右派的问题，属于错划，予以改正”。至此，我被错划右派的问题，得到彻底改正。

1982年葛佩琦（右）与老战友韩天石畅谈大好形势

5. 判刑冤案得到彻底平反

在中央组织部郝局长第一次和我谈话之后，我就去访问了中国人民大学党委分管落实政策的张腾霄同志，请求解决冤案平反问题。他说：我们走法院的手续，给你解决这个问题，但你要找证明人写出材料。有力的证明人，当年西安地下情报组织负责人赵耀斌下落不明，我去找谁写证明材料呢？经过查询，我从有关方面了解到，赵耀斌的档案在中央某部，西安地下情报组织的遗留问题，可以请他们解决。于是我写了一封信给罗青长部长。他让该部政治部给我写了证明材料。介绍我到“国民党东北保安长官司令部政治部”工作的陈忠经同志和与我一同在东北地下情报组工作的邢国彦同志也都给我写了证明材料。有关方面将这些材料转给了北京市高级人民法院。中国人民大学党委也派人到北京市高级人民法院，联系了关于我的冤案平反问题。我以为我的冤案平反问题，已经提上了法院的议事日程。等了几个月，我到法院询问此案的处理情况。法院的同志说：你必须自己提出平反申诉，我们才能给你立案处理平反问题。

1979年7月16日，我写给最高人民法院院长江华同志一封申诉信，请求为我平反冤案。此信被批转到了北京市高级人民法院。我往访北京市高级人民法院。接待的人员说：你写给最高人民法院的申诉信，已经转到我院，但因申诉的人太多，你到国庆节，才能排上号。9月19日，我又往访北京市高级人民法院。办案的同志告诉我说：你的申诉已经立案审查，听候处理。11月14日我到北京市高级人民法院，承办我的案子的刘罗彬、范志敏两位同志和我见了面。我详细陈述了我的蒙冤情况，要求早日予以平反。范志敏同志说：过两天，你再来谈谈。11月16日，我到高级人民法院，见到范志敏同志。他说：我全部看了你的案卷，其中材料不全。谁介绍你入党的？在什么时间？什么地点？谁派你打入国民党军事机关做地下工作的？什么时间？什么地点？以什么身份为掩护？你为党做了些什么工作？你回家写一份补充材料寄给我。11月20日，我把补充材料送到法院。12月11日，我到北京市高级人民法院，见到范志敏同志。他说：你的问题已经结案，送到北京市委审批去了。批回之后，我们通知你，你不用再来催办了。

我曾上访过许多机关，我感到北京市高级人民法院办事非常认真，也很及时，像我这样被判无期徒刑，坐监18年的大冤案，用了不到3个月的时间就得到平反解决，这在其他机关是少有了。

1980年11月28日，我从有关方面了解到，关于我的冤案平反问题，北京市委已经批准了北京市高级人民法院的意见。12月10日上午，我到北京市高级人民法院催办。刘罗彬、范志敏同志说：正好，今天开庭解决你的问题。开庭后，庭长刘罗彬首先宣读了《北京市高级人民法院刑事再审判决书》。其主要内容是："经本院再审查明：原判认定葛佩琦的犯罪事实、性质和处刑都是错误的，应予纠正。"据此改判如下：（一）撤销原判；（二）宣告葛佩琦无罪；（三）原判没收的财物，按人民币折价发还本人。至此，我的判刑冤案，彻底平反。

6. 党籍得到恢复

错划右派改正了，判刑冤案平反了，第三个问题是争取恢复党籍。1936

年4月，在一二•九运动时期，我参加了共产党的外围组织——中华民族解放先锋队（简称民先队）。1938年7月，在抗日前线，经刘子久同志和李洪同志介绍，我加入了中国共产党。1941年皖南事变前后，国民党掀起反共高潮。我党中央指示在国民党统治区工作的同志们，凡是已经公开了共产党员身份的，都要转移到解放区。于是刘子久同志就转移到解放区了。我当时已深入日本统治区，开展地下工作，他难以通知我，因而我的组织关系中断了。这一时期，我和李年同志发生横的联系，后来由李年同志将我的关系转报上级。

1944年秋，我由日本统治区回到西安后，西安地下情报组织负责人赵耀斌通知我说：他已经给我接上了党的组织关系。

1945年抗战胜利后，经赵耀斌派遣和陈忠经介绍，我打入国民党东北保安长官司令部政治部，以“国民党少将督察”名义为掩护，做情报工作。组织上和赵耀斌单线联系，工作上和李年直接联系。1947年10月，西安、沈阳等处的地下组织被敌人破坏，赵耀斌被捕，我的组织关系又中断了。

过去由于找不到赵耀斌，我的组织关系一直恢复不了。我的“右派”问题改正之后，我于1982年5月4日，写信给中央罗青长部长，陈述了我的经历和目前急待解决的党籍问题。罗青长部长发函证明，赵耀斌在给我接上情报工作关系时，就给我接上了党组织关系。1982年6月18日，中国人民大学党委收到这份证明材料。我的入党介绍人刘子久同志也写信给中国人民大学党委，建议恢复我的党籍。中国人民大学党委将这些证明材料报给北京市委组织部，并建议恢复我的党籍。

1983年恢复党籍，重新回到党的怀抱，葛佩琦露出发自内心的笑容

1983年5月23日，中共北京市委组织部指示：“恢复葛佩琦同志的党籍，党龄从1938年7月起连续计算。”至此，我重新回到了党的怀抱，回到了革命队伍。虽然走了一些坎坷道路，但国家已经旧貌变

新颜，实现了我的理想，达到了我参加革命的目的。我感到心情舒畅，精神振奋！我决心向前看，为祖国的“四化”建设，为改革开放贡献力量。

7. 被评为中国人民大学教授

全国高等学校教师职务评审工作自“文化大革命”以来，陷于停顿。1986年国家教育委员会颁布了关于高等学校教师职务评审文件。各高等学校成立教师职务评审委员会，进行该项工作。中国人民大学成立了以校长袁宝华同志为主任的教师职务评审委员会。我按国家教委文件中的规定，提交有关资料请予评审。中国人民大学教师职务评审委员会根据国家教委文件中的有关规定，于1987年1月21日，讨论通过，确认我为教授。

8. 感谢新闻界和广大人民对我的同情和支持

毛泽东同志在《关于正确处理人民内部矛盾问题》一书中，说明对错案平反的一条重要政策：“原来在什么范围内弄错的，也应该在什么范围内宣布平反。”党和政府长期以来贯彻执行这项政策。1957年我被划为“右派”的错案，在全国报纸都刊登了，是在全国范围内弄错了的，也应该在全国范围内宣布平反。但当我的被错划右派问题得到改正时，我要求把“复查结论”在报纸上宣布，有关当局却不予批准。甚至，新闻记者写的采访我的报道，他们也不准发表。他们这种不按政策办事的做法，加重了对我的政治压力，不得已，我向中央宣传部写了一封申诉信，请求将我的错案平反结论见报。该部一位副部长回信说：依据党的政策，你的错案平反结论应该见报。有关当局不准见报，你可以依据宪法赋予你的权利，自己写文章，报社是会给你发表的。于是我和几家报社联系，他们欢迎我的稿子。1982年12月7日，北京《光明日报》发表了拙稿《回忆一二•九革命学生的爱国主义运动》。12月15日，《人民日报》发表了拙稿《新宪法肯定了知识分子的地位和作用》。12月18日，《光明日报》以《葛佩琦同志被错划为右派的问题已得到改正》为标题，把有关单位给我作的“复查结论”中的主要内容，告诉了读者。12月19日，广州《羊城晚报》发表了石湾同志写的《两访葛佩琦》。香港《文汇报》全文转登了这篇访问记。许多省市的文摘报和地方报纸，也摘登了这篇访问记的主要内容。从而引起广大读者对我的关注，我先后收到近千封热情洋溢的人民来信。有的人还从天津、上海、长沙、哈尔滨、呼和浩特等地来看望我。新闻界的同志们、朋友们和广大人民对我的这种同情和支持，我万分感激！

由于我参加过一二•九爱国学生运动，在1985年一二•九运动50周年前后，新闻界的同志们、朋友们又给了我一些关怀和鼓励。1985年5月，北京《中国青年》杂志发表了青马同志写的《痛苦与微笑构成的人生——访葛佩琦》。同年6月，上海《文汇月刊》发表了叶永烈同志写的《泪人恨——葛佩琦传》，有些报刊曾摘要登载了这篇访问记的内容。9月9日，安徽省《阜阳日报》发表了王天襄同志写的《葛佩琦在界首》。12月9日，《北京晚报》发表了王晓阳同志写的《抚今追昔意纵横——访一二•九运动时期北大学生领导人之一葛佩琦》。12月14日，《中国人民大学》报发表了周建明同志写的《中国共产党领导中国走上光明之路——访一二•九老战士葛佩琦同志》。1986年4月5日，北京《支部生活》发表了李海鸥同志写的《三中全会前后的葛佩琦》。我感谢上述报道我的事迹的同志们对我的关怀和鼓励！

十、写在最后

党的十一届三中全会宣布的“实事求是，有错必纠”的方针是我的冤案能够得以彻底平反的根本依据。胡耀邦总书记的批示是我的错案能够起死回生、得到改正的关键。

在我的冤案平反、错案改正、党籍恢复的过程中，各有关方面的领导和工作同志们给予我热情关怀和大力支持，我万分感激！

1984年6月，一些老同学、老战友会餐于北京烤鸭店，祝贺我的冤案彻底平反。原劳动人事部顾问、我的入党介绍人刘子久同志，即席赋七绝一首，以示祝贺！

原诗如下：

中州风雨忆当年，
与君共读马列篇。
道路坎坷成往事，
疾风劲草有今天。

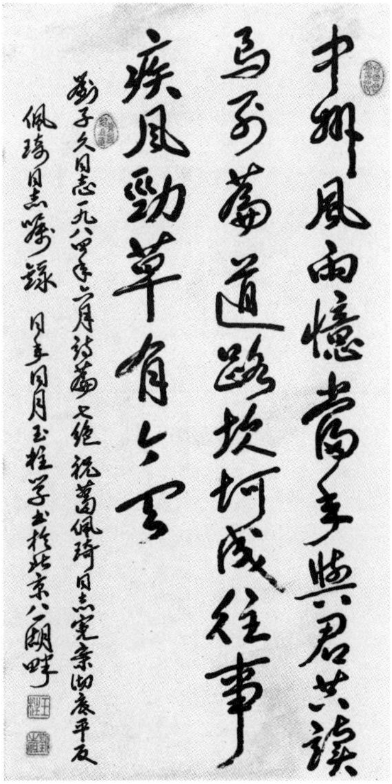

刘子久赋诗庆贺葛佩琦平反

子久同志的这四句诗，概括了我的经历和性格。抄录于此，以飨读者。

位于北京市东城区的段祺瑞执政府旧址在解放后划拨给中国人民大学，原院内“老段府”的一部分和学校盖的宿舍楼成为教工宿舍。上图为1990年葛佩琦在院内留影，下图为葛佩琦生前住所外景

1991年8月18日，葛佩琦、朱秀玲与子女合影

1990年3月11日，葛佩琦与二女儿

附录：

葛佩琦生平

中国共产党优秀党员，忠诚的共产主义战士，中国人民大学教授葛佩琦同志，因患心脏病经抢救无效，于1993年1月13日11时55分在北京逝世，终年82岁。

葛佩琦同志1911年9月24日生于山东省平度县。1937年毕业于北京大学物理系。1935年参加革命，1936年参加了我党领导的民族解放先锋队，1938年加入中国共产党。葛佩琦同志就读于北京大学期间，在一二•九运动时期，任北京大学学生会副主席，是当时北大学生抗日救亡运动领导人之一。在从事学生运动中，曾两次遭国民党政府逮捕入狱。在狱中他坚贞不屈，表现出革命者的气节。自1938年加入中国共产党后，一直到1949年北京解放，多次接受党的指派，在河南、陕西、东北等地国民党军政机构中长期从事党的地下工作，不顾个人安危，为革命事业作出了很大贡献。他除了利用党组织为他安排的公开身份做党的工作外，还曾利用党的掩护组织"西安研究书店"，积极营救被捕同志并协助转移。解放后，自1951年起在中国人民大学任教。工作中勤勤恳恳，认真负责，著有若干学术著作，深受学生的爱戴。

1957年葛佩琦同志被错划为大右派而全国闻名，同年遭受拘捕，于1959年6月以"现行反革命"罪及"历史反革命"罪被判处无期徒刑，冤狱18年。但他襟怀坦白，心胸开阔，能正确对待个人不幸的遭遇，保持革命者气节。在特赦战犯期间，于1975年以国民党将级军官身份获特赦释放。在党中央直接关怀下，1980年12月平反，后由中央有关部和原河南省委书记证明，于1983年5月经北京市委批准恢复了中断多年的党的组织关系。

葛佩琦同志恢复党籍后，坚决拥护党的基本路线，以新的姿态投入四化建设，抱病著述，积极参加社会活动，为人民奉献余生。

葛佩琦同志的一生是革命的一生，他刚正不阿，心胸豁达，坚韧顽强，忍辱负重，在极端困难的情况下，思国忧民，坚信真理，对革命的信念始终没有动摇过。在冤案平反之后，严于律己，宽以待人，广泛地联系和团结群众。他乐于助人，仗义直言，特别关心那些曾受到冤屈而向他求助的人，受到周围群众的尊重。他生活极为简朴，从不以一个老革命的身份自居，始终保持一个革命者的本色。

葛佩琦同志逝世以后，邓力群、朱穆之、吕东、袁宝华、韩天石、刘导生、顾大椿、刘居英、任继愈、唐敖庆、胡昭衡、孙思白等当年参加一二·九运动的老战士以及中国人民大学副校长力康泰等于1993年1月25日聚会座谈，悼念葛佩琦同志。

根据葛佩琦同志追悼会现场所发《葛佩琦同志永垂不朽》和1993年3月5日中国人民大学校报刊发《葛佩琦同志逝世》整理

葛佩琦同志追悼会大厅内景

李年之子李达一访谈葛佩琦节录

受中共中央社会部派遣打入国民党东北保安司令部等军事指挥机关的共产党员李年、王书鼐、邢国彦、葛佩琦、赵炜等在沈阳的我党地下工作人员，将获取到的大量政治、军事情报直接以密电发往党中央领导机关，出色地完成了党交给他们的艰巨任务。这个战斗集体曾受到党中央的通电嘉奖。他们以国家和民族大义为重，为人民的解放事业作出了突出的贡献。

以下为李年之子李达一为了解父辈革命生涯，与葛佩琦同志的部分访谈记录。

李达一：从七七事变后，您的革命工作是怎么样的？

葛佩琦：七七事变后，我随进步学生南下，曾当过南京“平津流亡同学会”领导人之一。1938年初，一些进步学生（多数为民先队员）在豫东12县组织民众抗日自卫队，由学生任指导员，我当时在虞城县做民运指导员。当地不准组织，我们反映给第一战区司令长官程潜。一战区司令长官程潜表态支持进步学生，说组织民众抗日自卫队是抗战的行动，哪个县长不好，可以撤换他，“12个县你们可以保荐6个县长”。5月，国民党军为阻止日军进攻，在花园口扒开了黄河大堤，豫东成了黄泛区，各县县长、国民党县党部书记长等官员全跑了。我和两个西北军在乡军官出面，收编散兵，收缴散落武器，组织了豫东抗日游击司令部，并任政训处长。队伍最多曾达到五千多人，在河南、安徽等地打游击。7月，程潜打电报叫我到洛阳。在八路军洛阳办事处，经豫西特委书记刘子久介绍，我秘密加入了共产党。1939年春，我所在游击部队改编为国民党暂编第二军，1939年5月调往河北作战。由于人生地疏，加之与日军武器对比悬殊，部队被打垮了。河南籍的官兵要回河南，我坚决反对，因为河南那时已沦陷，回河南就是做汉奸、当伪军。这时程潜已调西安，任天水行营主任。我骑辆自行车，从河北大名府来到西安向程潜汇报情况。见到程潜后，程潜问我对回到河南已被汉奸收编的“暂编第二军有办法搞垮没？”，后派我为特派员去河南做策反工作。

李达一：从河南回到西安后，您是怎样从西安到北平的？

葛佩琦：1945年8月10日晚，我和赵耀斌、李年等人正在研究工作时，通过收音机听到日本要投降的消息。党中央决定“争夺东北”，9月中旬，赵耀斌问我“有无路子回北平？”，当时美国在西安有空军联络站，美国一架飞机在徐州被日本打下，我通过关系找了美军飞行员的下落，借与美国空军联络站克拉克先生邀请去徐州的机会，可以去北平。我到北平后租了一套四合院，有一段时间没有任务，我就写信给赵耀斌要回西安，赵回信说：等着，上东北做批买卖。

李达一：从北平到东北之间的过程是怎样的？

葛佩琦：1946年春节后，李年、邢国彦、王书鼐到北平，住在我家。两天后国民党东北保安长官司令部政治部主任余纪忠也从西安飞来。当时，余纪忠提出汽车使用问题，我给他借到一辆汽车开到北京饭店。余纪忠感到我很有本事，听说我抗战期间组织过游击队，还当过程潜手下的少将“参议”，就委任我为政治部少将督察。过了几天，李年、王书鼐、邢国彦等人到东北，余纪忠要我暂留在北平。

1946年4月我到了沈阳，不久又回到北平，为长官部政治部办事，9月回沈阳。赵耀斌让我有事和李年联系，也对李年说，“照顾好葛佩琦大哥”。

李达一：您到沈阳后，在情报小组内负责什么工作？

葛佩琦：从北平到沈阳后，我在政治部一组工作，任代理政治部一组组长，主要负责军队的政工，可以接触到部队的番号、指挥官姓名、装备和部署等一些信息。1946年12月，赵耀斌到沈阳时，我住在沈阳中苏联谊社。我给他租了一个房间，他和我住对门。他要我利用担任“旅大统一接收委员会宣传组长”之便，前进到旅大时接收一处适当的房子，建立地下电台，开展地下工作。（后因苏军不同意，我只到达熊岳镇，未能进入旅大。）我在东北保安长官司令部内部搜集的情报，不直接向外传递，而是交给李年，由李年的爱人何英芬译成密码，送电台发送。比如，1947年春天，解放军发起辽东南战役前，余纪忠派我到辽南，我在了解到丹东（本溪、鞍山）各地的军队情况后，将信息报给了李年。

1947年夏，解放军第一次攻打四平，国民党成立了前进指挥所，郑洞国任指挥所主任，我和郑一起到了前线，担任指挥所新闻组组长。在了解到国民党增援部队有一个坦克大队和一个榴弹炮营后，当晚就给李年家打电话，通告了这一情况。

1947年6月，沈阳学生为响应北平学生的反饥饿、反迫害、反内战的号召，决定发动游行示威。在此之前，东北当局组织了“学生指导委员会”研究如何阻止学生上街游行。当时我担任邮电检查的任务，邮电小组仅扣押了北平学生寄来的部分宣传品，而他们发给沈阳学生的电报、信件都放行了。

在四平战役之后，新闻处改为政工处，我就担任了东北通讯处处长，李年在这个时候担任了政工处第二科科长。

李达一：沈阳情报小组被破坏当时是什么样的情形？

葛佩琦：1947年10月10日，中华民国“国庆节”晚上，敌人在沈阳实施大逮捕，李年等人被捕。国民党当局不清楚我的真实身份，我未被逮捕。我留在敌营营救被捕同事，资助受难同志的家属，一直坚持到沈阳解放。

出生入死　艰苦卓绝

——读《葛佩琦回忆录》感怀

罗竹风

1957年在春风和煦的安祥日子里，知识界为贯彻“双百”方针，促使学术研究和文艺创作进一步发展，正在大展宏图，有所作为。五六月间中央和地方先后召开了宣传工作会议，也邀请党外人士参加，希望他们对各级领导提些意见，无非是为了发扬民主，加强团结。言犹在耳，不久就变成反击右派猖狂进攻的全国性群众运动了。当时唯恐人家不放或放得不够，还出现了一种“引蛇出洞”和所谓“钓鱼”的理论，千方百计地引导他们多说心里话。“反右”斗争延续两三年（包括整风补课）之久，不知有多少人“出洞”“上钩”！

“反右”一开始，在《人民日报》的显著版面上登出人民大学葛佩琦“要杀共产党”的骇人新闻，孤零零的几句话，又无前言后语，令人难以置信；但赫然在目，罪责难逃，也实在够令人惊心动魄的了。葛佩琦我是很熟悉的，原名葛畔珩，他是我从中学一直到大学的同学，而且还是山东平度县的小同乡，他爱人朱秀玲是我爱人在北平女一中的同班同学。看到这条重要消息，我和我爱人不禁大吃一惊，葛佩琦怎么会是反党反社会主义的极右分子呢！两人窃窃自议，无论如何也想不通。对葛佩琦我们是深切理解的，他是苦出身，靠半工半读入中学，依靠埋头用功，以优异的学业成绩考入北京大学物理系，后来参加学生救亡运动，从其为人处世的全过程加以论断，他又为什么要反党反社会主义呢？至于背景如何，不得而知，越想越糊涂，这祥更增加了我们的迷惘。不记得是在什么场合，我略加透露，便挨了当头一棒，险些落入泥沼。

往事如烟缭绕脑际，退回几十年以前，我从平度知务中学初中毕业到黄县崇实中学高中读书。从平度到黄县约360里，当时还没有长途汽车，只能徒步或者“雇脚”（雇小毛驴），一般是25里至30里便有驿站。在交通干线上有许多人以“赶脚”为生，来往不绝，我就是利用这种交通工具到黄县的，一站“脚力”为两三吊钱（铜板约100枚）。没有顺头脚，“鸡声茅店月”，就起早背起行李赶一程。葛佩琦因家境贫寒，无力“雇脚”，用小扁担挑起铺盖卷儿，步行360里，到了黄县。这种吃苦耐劳的精神，引起同学们的赞叹和敬佩。

他半工半读维持学业。男生宿舍早起床、晚息灯，都由他摇铃作为“号令”，因此人们戏称他为“学监”。学校有什么文娱活动，葛佩琦总是喜欢自动演点节目，山东梆子、毛轴棍儿（家乡小戏）、双簧一齐来，因而他在同学中是颇有点“知名度”的。葛佩琦就是这样一个朴诚、憨直、勤奋、心地良善、自得其乐的青年学生。

当时北伐军已到山东，国民党政府勒令所有私立中学立案，才承认其合法地位。崇实中学是教会办的，美国人不肯立案，于是学生借纪念五三济南惨案，大闹一场，学校陷于停顿。高中还差一年，我去北平考入大同中学高三继续读书，1931年考入北京大学中文系。随后葛佩琦同学到北平崇实中学，仍然半工半读，是在学校附近的一家铁工厂干活儿。接着他考入北京大学物理系，我们又成了同学。

1931年九一八事变，日本帝国主义大踏步侵入东北、华北，国民党在“先安内，后攘外”不抵抗政策下，步步撤退，时局极端动荡。胡适的那一套“读书救国论”已被现实所粉碎，葛佩琦也从实验室走向十字街头，为抗日救国而呼号。因为苦学，学习成绩优良，他被选为北京大学学生会副主席，后来又加入了中华民族解放先锋队（简称“民先队”），不久，就成为职业革命者了。我是1935年5月间离开北平的，历经一二•九、一二•一六学生运动，“双十二事变”，八年抗日战争和三年解放战争，对葛佩琦的情况不很了解，但坚信他一定在革命阵营里为救亡图存而作出应有的贡献。

1949年全国解放，6月2日国民党在山东最后的一个据点青岛也宣告解放。我随军接管山东大学时任军代表。这年暑假，葛佩琦和夫人朱秀玲到青岛，由黄县崇实中学的一位老同学曲漱蕙（山大动物系教授）陪同他们和我相见。故人重逢，倍觉亲切，得知他曾打入国民党部队搞情报工作，先在河南，后到东北。我劝他留在山大物理系任教，朱秀玲有点心动，认为都是老同学，容易相处，而且离家近，探望方便。但葛佩琦一定要去北平，说是为了找组织关系。不便坚留，只得让他们走了。后来知道，他在有名的通县师范教书，不久就调到人民大学去了。不料霹雳一声，他竟然被打成极右分子，生活的艰辛，自然不言而喻。

“文化大革命”十年，雪上加霜，五荤六素，新账旧账一起算，葛佩琦便被打入十八层地狱了！粉碎“四人帮”后，他先到原工作单位人民大学党委申诉没有结果，他坚韧不拔地先后到北京市委、中央组织部连续申诉，最后“告御状”到了中央总书记胡耀邦那里，数十年冤狱才得昭雪。他为什么会这样百折不挠、坚持到底呢？无非是自信一生光明磊落，心里无鬼，同时相信党、相信群众。此外，还有许多北大老同学热情帮助并加以指点。

起初是听李欣、孙思白等同志详细介绍了葛佩琦的有关情况，我才能够前后联贯起来，比较详细地了解了他大半生的全貌。

今年2月间，我从日本回来，葛佩琦的一部书稿《葛佩琦回忆录》已经寄到我的家里来了。我立即给他回信，简单报告近况。过了几天，他有一封热情洋溢的来信，并要我为他的书稿写一篇“序言”，因知之深，自然一口答应下来。往事历历如在目前，而我们都进入耄耋之年，真是不胜感慨系之了。

我仔细地看过《葛佩琦回忆录》，全文以时间为序，平铺直叙，只讲历史事实，很少发什么议论，这也是让事实来说话吧。把几十年来出生入死，为党艰苦奋斗的来龙去脉交代得一清二楚。我一边阅读，一边激动，心情很不平静。打入国民党军心脏，孤军深入，万一有失，随时都有生命危险，正是我们家乡人所说的“把脑袋拴在裤腰带上”。这种特殊工作，需要沉着、冷静、勇敢、机智，可以说非大勇大智莫办，但先决条件必须是对革命无限忠诚，毫不犹豫、动摇。在十分艰难困苦的环境中，葛佩琦自始至终地完成了党所交给他的任务。通过这部书稿，也可以透视当年革命“三角斗争”的艰巨性和复杂性，从而使读者知道革命胜利的确是来之不易。忘记过去等于背叛，展望未来，也只能从以往和现在作为立足点，不能架空，更不能随心所欲。愿读者都牢记我们的革命优良传统，为社会主义“四化”建设做出应有的成绩。

像葛佩琦这样一位苦出身、根子正，忠心耿耿，一贯为党、为人民正义事业奋斗的好同志，却以莫须有的罪名，罗织成“罪”，含冤受屈长达几十年，这只能说在劫难逃或者时代的悲剧。乌云已经消散，面对现在春光明媚，像葛佩琦这样“劫后余生”的老同志，理应过好晚年吧？但愿如此。作为老同学，我谨向他以及全家祝福。

1991年5月21日